中公新書 2659

猪木武徳著

経済社会の学び方

健全な懐疑の目を養う

中央公論新社刊

まえがき

政治の世界でも経済の分野でも、国際社会は大きく揺れ動いている。このような予測の難しい不安定な時代には、物事を正確に把握して筋道を立てて考える力が特に必要になる。人の考えに押し流され、表面的な現象だけを追いかけていると、自分と社会にとって何が重要なのかを見逃しかねない。

経済社会の諸々の現象は、様々な要素が複雑に絡まっているだけでなく、循環的な構造を持つものが多い。原因が結果を生むだけでなく、その結果がまた元の原因に働きかけるという構造が存在する場合が少なくない。さらに、統計的に見れば生起する確率が極めて低い事象が、現実には発生することもある。現実は、統計的予測を必ずしも支持してくれるとは限らないのだ。

本書の目的は、この複雑な経済社会を少しでも正確に把握し、問題点を抽出し、いかに対応すればよいか考える際のヒントを示すことにある。社会研究のそれぞれの分野には、その方法を論じた本はすでに少なからず存在する。本書は、社会研究一般を念頭に置きながら、抽象論に陥ることなく、具体例や歴史的事例を示しながら留意点を説明している。筆者の専門が経済学であるため労働経済学からの事例がやや多くなったことをお断りしておきたい。

これから経済社会について学ぼうとする人々はもちろん、すでに社会研究を行っている若い人々が、本書で取り上げた問題について少し立ち止まって考えるきっかけとなればうれしい。また、中央政府や地方自治体で調査や研究の仕事、あるいはメディアで情報を収集し編集する作業に従事しているジャーナリストの方々にも本書が少しでも参考になればと願っている。さらに、日々、新聞、ラジオ、テレビ、インターネットなど様々なメディアを通して、あるいは勤労生活の中で様々な情報に接する人々が、時に「健全な懐疑」の目で自分たちが接する加工された情報を見直すよすがとなれば幸いである。

言うまでもないことだが、本書で指摘した留意点に配慮したからといって、よい調査や研究がすぐさま実現するわけではない。実際は、自分の内発的な関心に沿って何かを徹底的に調べる作業を重ねる中で、本書が示す留意点は徐々に実感され体得されてゆくものと考えられる。知恵や技能を獲得する方式としてのOJT（On-the-Job Training＝現場で働きながらの訓練）が「仕事をすること自体が訓練になっている」のと同じように、実際に「徹底して調べる」という作業を慎重かつ丁寧に行えば、自ずとよい研究姿勢は身につくものと確信する。

社会現象に関わる概念規定をまず行ってから始めるのではなく、調査や研究の終わりに概念が明らかになるというのも、社会研究が多くの自然科学と性格を異にする点であろう。問題の性格によって方法や分析道具を変えるという柔軟さも本書で強調したかったところである。社会問題に関心を持つ多くの若い人々が本書を手にとってくれることを願っている。

経済社会の学び方◉目次

まえがき　i

第1章　まずは控え目に方法論を……1

1　問いと観察をめぐって　1
「燻製ニシン」にまぎらわされず　方法論に潜む矛盾　「問うこと」の重要性　現場の空気を吸うこと　見えないものの観察　文書資料の価値の判断

2　数字の重要性と限界　13
概念（concept）について　概念を指標に変換する　GDPが抱える問題　虚無主義に陥らず、改善を進める　「無茶な議論」をしないために　歴史を学ぶときとの共通点　「知的誠実さ」と「倫理的誠実さ」　自然科学的な体裁を目指すことのマイナス面　「真理」を求めるか、「真らしい」ものを求めるか　政治の力から自由な学問はあるか

3　方法を使い分ける　30

社会研究と自然科学の違いとは　個別の経験がすぐに学問にはならない　定義の不確かさ　大根を「正宗」で切らない　なぜフィールド・リサーチは避けられるのか　試行錯誤の可能性　研究計画書のすすめ　文献サーベイの重要性

第2章　社会研究における理論の功罪……………………43

1　リカードの「明晰さ」と「悪弊」　43

グランド・セオリーと預言　仮定に潜む価値判断　リカードの比較優位の理論　サムエルソンの挙げた譬え　シュンペーターが批判した「リカード的悪弊」　強者の論理ともなりうる理論の政治性

2　演繹論理はドグマを生む　57

自由貿易の黄金時代は短かった　歴史の転換点としての1930年6月17日　レーガン政権の日本バッシングの帰結　福澤諭吉における理論と政策　日本資本主義論争を振り返る　大塚史学の影響力とその意味　演繹論理のみに頼る

危うさ

3　多くの学問は比較に始まる　72

比較経済史と地域研究の重要性　比較によって対象を相対化する　改めて理論の役割を考える——その否定的な使用　プロスペクト理論は思考の枠を広げてくれた、しかし……

第3章　因果推論との向き合い方……85

1　結果には原因があるという思考法の歴史　85

原因と結果の相互性——福澤諭吉の場合　プロクルーステースの寝台？　複雑さを受け入れる　ヒポクラテスの考えた因果の論理　アリストテレスからヒューム、カントへ

2　因果関係にまつわる困難　98

ルビンの壺に見る認識の特質　ケインズの指摘　相関関係と因果関係の混同　社会現象における因果関係把握の難しさ　統計的差別の理論

3　新たな手法の開発　108

この「難所」をどう克服するか　一卵性双生児に注目した手法とその限界　ランダム化されたサンプルを用いる近年の展開は朗報ではある　「シンプソンのパラドックス」は直感に反する

第4章　曖昧な心理は理論化できるか……………121

1　「期待」が人間の行動を考えるカギ　121
不確かさの源泉——他者と未来　蜘蛛の巣サイクルに見る「期待」の難しさ　期待を重視したケインズ　「米騒動」（1918年）の特徴　若き石橋湛山の分析

2　思想と現実の関係　135
事実と「事実と信じられたこと」の違い　津田左右吉の歴史哲学　偽薬（プラセボ）と経済政策の類似点・相違点　自己実現的予言とは何か　銀行の取り付け騒ぎのメカニズム

3　熱狂が社会を変える？　147
個人の動機と社会全体の帰結　クリティカル・マス（臨界

質量）という考え方　相互依存のない状況で、ささやかな好悪が極端な結果を生むケース　日常生活の具体例　歴史的事例1——ジョン・ローのシステム　歴史的事例2——南海泡沫事件　優れた理論家の犯しがちな過ち

第5章　歴史は重要だ（History Matters）ということ……163

1　現在だけを見て全体を論ずる勿れ　163
歴史をよく知る　安易な一般化を避ける　日本は終身雇用？　江戸時代の奉公人の選抜と昇進　工業化初期は日本でも離職率は高かった

2　経路依存性について　176
経路依存性（Path-dependence）　初期条件と攪乱要因　ハイチとドミニカの歴史の経路依存性　逆転現象をもたらした要因　それでも残る問題点

3　証拠の客観性をめぐって　188
一つの均衡点には収束しない　QWERTYの由来　個別事例研究と法則定立科学　歴史学派が現れた背景　証

拠（evidence）をめぐる医療と公共政策の違い　説明責任（accountability）とは　客観性（objectivity）について

第6章　社会研究とリベラル・デモクラシー……………203

1　科学は政治から逃れがたい　203
「科学の政治化」という問題　ガリレオ裁判とルイセンコ論争　月と雲の時代　限定と単純化があるという自覚　現代の科学も政治化されうる　ゼロ・リスクへの誘惑　マーシャルの“Cool heads but warm hearts”

2　競争の利点はどこにあるのか　216
社会生活の基本構造を古い書物からも学ぶ　宗教的心情と経済的動機の重要性　貧困問題との対峙　競争を過度に重視してはならない　「摩擦のない世界」を想定する？　発見の装置としての競争——ハイエクの重要な指摘　競争という言葉には「協力」という意味が含まれる

3　「どうにか切り抜ける」ために　230
感情の重要性——「同感」と社会秩序　政策論の対立か、

感情の対立か　一般的モデルではなく、特殊モデルが必要
なこともある　権威主義に陥るな　社会問題を見つけ、
研究するとは　リベラル・デモクラシーにおける社会研究

あとがき　244
参考文献　254
人名索引　257

第1章　まずは控え目に方法論を

1　問いと観察をめぐって

「燻製ニシン」にまぎらわされず

本書の目的は、社会の経済構造やその動き方、そこから生ずる様々な問題の改善や解決を考える者は、何を知っておかねばならないかを示すことにある。研究や調査分析といわれる活動に近道はない。すぐに「解」がポケットから差し出せるような問題は重要なものではない。本当に重要な問いには簡単な答えのないものが多い。そしてほとんどの重要な問題には、その前提となる社会の「文法」を先人の知識から学び、分析に必要な技術や技能を少しずつ積み重ねていくことが要求される。

それは楽器演奏にも似たところがある。美しいヴァイオリン演奏に魅せられた人が、ヴァイオリンを手に入れてすぐに同じように演奏できることはない。よい演奏家になるためには、その前に技術的訓練に時間をかけて積み重ねなければならない。技術を身につけるだけではない。よい演奏を聴いて、美しい演奏とはどのようなものかを考え、そして自分が何を表現したいのかという自己確認が必要になる。

そうした目的や理念の自覚は必要だが、「行き過ぎ」は避けねばならない。美しい音楽、よい音楽とは何かを知的に自覚することは重要だが、「美」とは何かという問いに拘泥《こうでい》していると、いい演奏はできない。根本的な問いは無視してはならないが、その問いだけに集中することはあまり生産的ではない。

これから論ずる経済社会の学び方を考える場合も、経済、社会、資本などの言葉が定義なしに出てくることがあるが、はじめの段階では、その意味を厳密に理解し定義しようとすることにこだわらない方がよい。「経済社会」という言葉は、その中に経済的関係が深く染み込んだ社会と理解しておけば十分であろう。歴史的に見ると、宗教的な戒律、あるいは慣習や伝統の枠内で人々が行動し交流していた社会があった。現代の産業社会では、人間関係成立の主たる要因が経済的な結びつき（時にCash-Nexusとも呼ばれる関係）へとその重心をシフトさせているのが一つの特徴と考えられる。それは必ずしも個々の独立した市場取引（それは太古の昔からあった）の隆盛を意味するのではなく、やや極端な表現であるが、経済史家カール・ポランニー（１８８６～１９６４）の言葉を借りると、社会が経済システムの中に埋没した、あるいは経済的な動機が広く浸透した社会、というのが「経済社会」のイメージであろうか。さらにこうした基本的概念の具体的イメージと正確な意味は、研究や調査の経験を積み重ねることによって次第に現れてくるはずだ。「自然科学」とは違って、「社会科学」の分野では、こうした基礎的・根本概念を学びのはじめの段階から定義することは概して難しい。定義できたとしても、抽象的過ぎてイメージが伴わない空虚な理解に終わる場合がある。

定義と本質を云々することは、いわゆる red herring（燻製《くんせい》ニシン）となりかねない。狐の通った跡を燻製ニシンを引いて横切ると、狐のにおいが消えて猟犬が迷う。推理小説で、しばしば真犯人を容易に同定させないために、作者が事件とは関係のない人物を作中に登場させることがある。これも燻製ニシンと呼ばれる。概して「本質論」は red herring になることが多い。経済社会などの問題には、理論経済学などの分野を除くと、概念を定義して定理を命題として打ち立て、それを証明するというような数学的な論の進め方がなじまないものが多い。

したがって余計な「学問的」な鎧《よろい》を取り払い、しかし言葉の意味を常に問いつつ、本書を読み進んでいただきたい。

方法論に潜む矛盾

これから社会研究をしようとする人々に、いきなり「方法論」を説くことにはある種のためらいがある。方法論を体得するということには一つの矛盾が含まれているからだ。この重要な点を、すでに２４００年前にアリストテレス（前３８４〜前３２２）がいみじくも次のように概略表現している。

あることをおこなうためにはそれを前もって学んでいなければならないが、それが学ばれるのは実際におこなわれることによってである。ひとは建築することによって大工となり、琴を弾ずることによって琴弾きとなる（『ニコマコス倫理学』第二巻第一章）。

確かに、医学を勉強したから、すぐ医者になれるわけではない。多くの患者を診察し、沢山の症例を知ることによって一人前の医者になる。方法論を知ったからといって、すぐよい研究ができるわけではない。研究をすることによって、徐々に研究の仕方が分かってくるのだ。政治学や経済学を学んだからといって、現実の政治や経済が分かり、適切な政策をすぐ打ち出せるものではないということもこの点に関係している。物事には論理として理解することと、経験を通して少しずつ学ぶことがあるのだ。

また、自分が答えを探したいと思う問いを一つの命題として「定式化（formulate）」し、そのために必要なデータを集め、データの質を吟味《ぎんみ》し、推論の手段（統計的手法か、文書資料か、フィールドワークか等々）を選んで実行していけば結論が得られ、研究は完了するというわけでもない。先行研究に、何を、どれだけ付け加えることができたのかを示す必要がある。さらに、得られた結論は常に暫定的な性格を持つから、後続の研究者たちによって修正が加えられ、より一般的な結論へと発展することを想定する必要がある。したがって、分かったことと分からないことをしっかり区別しなければならない。様々な試行錯誤（trial and error）と改善のサイクルによって、次第に真実が明らかにされていくのが常である。

このように考えると、はじめから具体的な素材もないままで「方法論」を説くことは、外側だけが強そうな鎧を着た「張り子のトラ」を作るようなことになりかねない。したがって本章で述べることは、あくまで、社会研究を進める上での「一般的な留意点」であることを念頭に置いていただきたい。

「問うこと」の重要性

国や社会の仕組みや動き方について少しでも理解を深めようとするとき、人はまず何に注目するであろうか。全体を一挙に見てとることはできないから、その対象のどこに注目して観察するのかを選ばなければならない。しかしそのためには全体についてのだいたいの知識が必要になる。全体を知るには部分を知らなければならない。例えば、経済全体を知るためには個々の企業の行動様式を知ることが必要であるが、個々の企業の行動は経済全体の動きに規定される。これも一つの矛盾のように見える。したがって何を、どう観察すればよいのか、それを選び出すのは言うほど易しいことではない。

現実にはほとんどの場合、すでに絞られたテーマや問いを外から（外発的に）与えられるか、あるいは流行に影響されて問題を設定することが多い。内発的な関心として「何を選び出すか」をはじめから迷うことはあまりない。それでも自分がそもそも何を知りたかったのかを「自己確認」することの重要性、うまく問いを設定することの難しさは、強調してもし過ぎることはない。柳田國男《やなぎたくにお》（１８７５～１９６２）が言ったことであるが、日本人は「学問」というと「学ぶ」ことに重きを置き、「問う」ことを重視しない（『故郷七十年』）。ただし「何を問うのか」は言うほど簡単なことではない。

私は、大学にいたころ大学院生に「論文のテーマを、答えられるような形に絞り込み、問いが一つの命題として定式化（formulate）されれば、仕事の半分は済んだようなものだ」とよく言った。何を知りたいのか、「内発的な」自分の問いは何なのかを確認しておかないと、社会研究を「持続と蓄積」の精神で継続することは難しい。どうしても、人は流行や他人の関心や評価に引きずられ、いつの間にか自分本来の問題意識を忘れてしまうのだ。

もちろん、流行のテーマを取り上げるのにはそれなりの利点もある。多くの人が重要な共通問題を取り上げ、競争と協力をバランスさせながら集中して取り組む「共同研究」は、社会研究にも必要だ。ただ、その場合でも、自分の将来の学びの肥やしになるように、もともとの自分の関心を見失わないようにしたい。

現場の空気を吸うこと

自分が関心を持った社会の一局面を知るためには、その場所へ行ってそこの空気を吸うことが一番であろう。もちろん、すべての分野にこのことが当てはまるとは限らない。知人のドイツ文学者は、生涯ドイツに行くことはなかったが、ドイツ文学の優れた翻訳と研究で同分野の研究者たちから尊敬されていた。人間であること（humanitas）に本質的な違いがないとすれば、人文学の場合にはそのようなケースはありうるだろう。

能因《のういん》法師（９８８～１０５０ころ）は、「都をば霞とともに立ちしかど秋風ぞ吹く白河の関」と詠んだ。だが遠くの白河の関のことを都にいながら詠んだのでは説得力がないと考え、秘密裡に自宅で日に当たって日焼けして、「陸奥の方へ修行のついでによみたり」といってこの歌を披露したという（『十訓抄』）。この歌が絶賛されたのは言うまでもない。真偽のほどは分からないが面白い話だ。
それでも、地域研究（regional studies）など、外国社会を研究する者にとって、その国の空気を吸うのはやはり必須であろう。「百聞は一見に如かず」である。日本を知るには日本をくまなく歩くことが必要だ。昔の人文学や社会を研究する者は、「足で学んだ」といわれる。例えば、菅江真澄《すがえますみ》、柳田國男、宮本常一《つねいち》など、民俗学で重要な仕事を残した人は皆旅をして、その社会を観察しながら、試行錯誤を重ねつつ自分の仮説を打ち立てる「発見的な（heuristic）」手法を用いた。現代経済の研究にも現場に身を置くという精神はある程度必要だ。

しかし対象が「日本」のように広くなればなるほど、「そこへ行く」ことの意味や益は希薄になる。また、こうした丁寧な観察手法は、大きな誤りを防ぎ、リスクの少ない研究方法ではあるが、多くの時間とお金がかかり、現代ではなかなか実行しがたい。さらにその観察が、どれほど一般化できるのかが問題となる。特に巨大で複雑な構造を持つ現代の産業社会の問題を研究対象とする場合、個別企業における「観察」が、どれほど多くのケースに当てはまるのか、その意味が曖昧《あいまい》になるおそれがある。

この点については後に改めて取り上げる。「一つからすべてを学ぶ」（Ab uno disce omnes：ウェルギリウス『アエネーイス』第2巻）ということの意味を、例えば聴き取り調査（フィールド・リサーチ）やフィールドワークの場合を例としつつ考えてみたい。ちなみに文学などは「一つの例示がすべてを語る」例となりうる。

見えないものの観察

自然科学では大量の観察は大前提・不可欠であり、研究の最も重要なステップを構成する。現代の自然科学の多くの分野では、人間が日常生活で観察できるような対象そのものを直接観察するのではなく、超ミクロの世界の対象に関心が移り、実験室内の電子顕微鏡の世界になっていると聞く。遺伝子や分子レベルの研究をしている植物学者に、路傍の雑草の名前を尋ねても、「何ですかね」と呟《つぶや》かれることがある。それでも自然科学では、実験室の中であれ、目に見えるものを観察するという作業の重要性には変わりがない。

それに対して、人間や社会の研究は心理や人間の関係性を問題とするゆえ、ほとんどの場合目に見えない世界を相手としている。経済論にしばしば登場する「物価」も「GDP（国内総生産）」も「貿易赤字」も、可視性を持った概念ではない。これらの概念の背後には、諸商品の価格が高騰している市場《いちば》の光景、外国製品が多く出回るデパート、大勢の日本人観光客（サービス貿易の「輸入」）でにぎわう国際空港などを見ることはできる。しかしそれは、物価や貿易赤字そのものを見ているわけではない。いわば「概念化される前の原風景」を見ているに過ぎないのだ。

政治や経済社会の研究は、多くの場合、具体的に見えないものを観察しなければならない。関係性自体は目に見えないから、現場に赴く「観察」という経験知の獲得方法はどうしても軽視され、忘れ去られることが多くなる。そこでわれわれの問いが、事実から遊離したものにならないようにするためには、聴き取り調査やフィールドワークという重要な手法がある。この手法については、後で改めて説明を加えるが、聴き取り調査やフィールドワークをも「観察」に含めると、「観察」は社会研究でも重要な手法である点では自然科学と変わらない。

文書資料の価値の判断

社会研究では、しばしば文書や歴史資料が用いられる。社会と経済を調べる場合、その社会の基本構造を規定している法律を知ることや、その社会の歴史的変遷を知ることは大事だから、こうした方法は不可欠といってもいい。ただし「書かれた資料」を用いるときには、まずその資料の信頼性についての「資料批判」が必要になる。書かれているからといって、それをそのまま信用するわけにはいかない。

加えて、概して重要な点は文字として残されてはいないことがある。法律やルールで書かれていることと、実際の慣行（practice）が乖離《かいり》していることは意外に多い。制度やルールの書かれた文書があるからといって、社会がそのルール通りに動いていると信じることはナイーブというものであろう。そうあること（Sein）と、当然こうあるはずだ（Sollen）を混同してはならない。

歴史上の文書資料については、日本中世史の林屋辰三郎《はやしやたつさぶろう》（1914〜1998）が、「歴史資料は、「現地性」と「同時性」という二つの基準に照らされなければならない」と指摘している。「現地性」というのは、対象と同じ場所でその史料は書かれたのかどうか、「同時性」というのは、対象と同じときに書かれているかどうかということだ。この「現地性」と「同時性」の二つの軸で判定して、その基準に近づけば近づくほど、史料としての価値が高いとして、林屋は次のような古代史の例を挙げている。少し長いが引用しておこう。

「古代史の文献史料といえば、『古事記』や『日本書紀』があるでしょう。これらは、日本という広い意味での「現地性」を強く持っている。しかし、「同時性」という基準からすると、これらの完成されたのは八世紀です。まあ、六世紀ぐらいのところから信頼できるということですが、少なくとも「遠古代」に関しては、これらの「同時性」は非常に弱いといわねばなりません。

ところが、もう一つの『魏志』倭人伝はどうかというと、これは「同時性」はかなり価値が高いけれど、「現地性」はまったくだめなんです。たとえば、この中に倭国の風俗の記事がいろいろと出てくる。（中略）結局これは、書いた人の頭の中に、海南島と倭とがだいたい同じ緯度だという考えがまずあって、それで話を進めてきただけのことですね。だから、海南島の風俗ではあっても、倭国の風俗ではないわけです。

『魏志』倭人伝とか『後漢書』というと、今は、文献として最高に信用が置かれていて、もっぱら、それだけで議論が進められてゆくという傾向がありますが、こういう、非「現地性」という盲点があって、片や、『古事記』や『日本書紀』には、非「同時性」という弱さがある。その両方をうまく操作して、その操作のしかたに考古学や民俗学の力を借りて、歴史家は「同時性」と同時に「現地性」をも満足するような史料を頭の中で作り出してゆかねばならない。

『魏志』倭人伝の語句をいくら詮索しても、それは『魏志』倭人伝の文献としての研究にはなるでしょうが、そのままそれが、日本の歴史を解明したことにはならない。」（「神と王の遍歴〈その1〉」『野性時代』1975年2月号）

林屋辰三郎のこうした基準は、文書資料の価値、その信用度を判断する際の重要な目安を与えてくれる。われわれはどうしても、書かれたものを信じやすい。活字として固定化した情報に対して、闇雲にそれが真実だと思い込んでしまう傾向がある。しかしよく考えると、「書かれたもの」が、一体誰が（どのような社会的立場にある人物が）書いたのか、誰を読み手として想定していたのか、そもそもどのような目的で書かれたのか、などについて十分検討しておかないと、ほとんど価値がないような文書資料を論拠に議論しかねない。中には事実の発見を妨げるような虚偽が含まれている文書もあるからだ。

制度やルールについては、理念を述べた文書が少なくない。法律にもその理念や目的が冒頭に掲げられている。しかしその法律が実際にその理念や目的の文言通りに運用されているという保証はない。社会研究にとって重要なのは、「実際にいかに運用されていたのか」という点であって、書かれた理念や目的を、実証的な分析にそのまま使うことはできない。

2　数字の重要性と限界

概念（concept）について

統計数字の問題に入る前に、社会研究で用いられる「概念（concept）」について触れておきたい。哲学の認識論の問題には深入りできないが、われわれが観察の対象を認識する場合、実は目で見ているというよりも、概念で見ていると表現した方が適切なことが多い。「概念で見る」ということをもう少し分解すると、概念によって「のっぺりとした現実」を切り分けるということになる。したがって、われわれは概念なしには見ることも考えることも、仮説を検討することもできないといってもよい。例えば自転車とはこういう形をして、これこれの機能を備えた運搬用具であるという「概念」でもって、見たものを瞬時に（仮説を検定するように）「自転車だ」と認識しているのである。

ここで、「社会」とは何か、「経済」とは何か、「経済社会」とは何を意味するのか、という問いが生まれることは極めて自然だ。こうした基本的な問いは、それぞれの学問分野で一大テーマとなりうる性質のものであるが、ここで立ち止まってしまうと、これから具体的に取り組もうとしている探求が前に進まない。「社会」は実在するのか、経済における「個と全体」の動きはどのような関係にあるのか、などの問いは社会研究の中心的なテーマとして論じられてきた。しかしこうした問題は、研究のはじめから分かるようなものではなく、研究を進めながら次第にその内実が明らかになるものなのだ。つまり概念規定は、研究の到達点であって、出発点ではない。研究の最初に用いる概念は仮説に過ぎないとも言えよう。「経済社会」という概念について言えば、先に述べたようにカール・ポランニーが言う「経済が社会の中に埋め込まれた（embedded）」（『大転換』）状況の社会、という理解で現段階では十分だろう。経済と社会の関係という大きな問題にここで立ち入れば、本書の目的から外れてしまう。

概念を指標に変換する

ひとつの経済なり社会をほかの経済や社会と比較する場合、あるいは同じ社会の過去と現在を比較する場合、比較を可能にする指標（indicator）が必要になる。この指標を開発する作業が社会研究では重要な位置を占める。

例えば、労働経済学の分野での具体例として、「技能とは何か」「個人の、あるいは集団の生産性とは何か」という根本的な問題がある。この場合、技能という概念（concept）の内実を知り、その高低を測るにはどのような指標を用いればよいのかを決めねばならない。そこで、技能の内実を二つの角度から把握してその指標を作成する。一つは、どれだけ多くの仕事がこなせるのかという「技能の広さ」、もう一つは、「どれだけ変化や異常に対処できるのか」という「技能の深さ」である。筆者自身、技能という概念を、この二つの指標で測るという方向で共同研究を進めたことがあった。技能を、「広さ」「深さ」という二つの測定可能な軸で把握することによって、製造業や銀行業の職場での生産性を国際比較した（小池和男・猪木武徳編『人材形成の国際比較』）。

このように、概念を操作可能な数値である「指標」へと変換する作業は、経済学を前進させる上で決定的に大きな役割を果たしてきた。マクロ経済学の重要指標である国民所得、国内総生産（GDP）はその代表例である。国民経済計算システム（SNA：System of National

Accounts）によって、生産と所得の分配状況や、所得をどこから受け取りどこに支出したか等を知ることができる。経済成長率の指標としてよく使われるＧＤＰはこのシステムの項目の一つである。

ＧＤＰという概念は、ある国の国内で、一定の期間内（一年、四半期など）に、新たに生み出された経済価値（「付加価値（value added）」）を集計することで、その国の経済的な豊かさを測るために考え出された数字だ。ＧＤＰは、その「豊かさ」という概念を、様々な仮定を置いて計算している。経済社会全体の「国力」や「豊かさ」を、ＧＤＰという測定可能な指標で表現するのだ。この国民経済計算システムが、改良を重ね精緻化されるのと軌を一にしつつ、マクロ経済学は大きく進歩してきたのである。

ＧＤＰが抱える問題

実際の測定の段階で、ＧＤＰ概念には正確さに関して様々な問題が存在することは、多くの論者が指摘してきた。測定の対象は、市場取引、ないしはそれに擬制された取引である。擬制された市場取引の例として、いわゆる帰属家賃（imputed rent）の支払いがある。例えば自己所有の住宅には家賃支払いはないが、市場での相場を用いて自分が自分に家賃を支払っているとみなして家賃収入を計算して計上するのだ。

また、家庭内の主婦（夫）の作業は経済価値に含まれない。同じ家事労働でも、それを主婦（夫）がしていれば、市場取引を経ていないため、GDPには含まれないが、お手伝いさんがその家事労働を行えば、対価を支払うという市場取引となる。したがって所得を生み出す活動となるため、GDPに含まれる。さらに、生産活動はすべて正の価値を持つと想定されているが、時には負の財（大気汚染や水質の劣化など）の生産を伴うことがある。その点が考慮されていないではないか、などとの指摘があり、改良への努力がなされている。

もう一つ、このGDPを考えるときに無視しえない（しかし忘れられがちな）点を指摘しておきたい。GDPの計算では、多種多様な財とサービスの生産が生み出した付加価値を集計する段階で、生産された物量（Q）に価格（P）をかけたものを貨幣価値額として合計する。例えば、最終生産物の1・8リットルの牛乳と3本の鉛筆をそのまま物量で足し合わせることはできない。それぞれに価格をかけることによって、はじめて円という共通の「元《げん》(dimension)」での集計が可能になる。

では単に足し合わせるために「元」を揃《そろ》えるだけであれば、なぜ「価格」ではなく、「重量」ではダメなのか。確かに金塊のように、重いものに高い価値を持つものもあるが、重くて三文の価値もないもの、軽いが高価なものも沢山ある。簡単に言えば、市場価格は、その国の市場に参加する人々の満足度を反映しているから、物量に価格をかけて合計することが意味を持つのだ。ここでは証明を省くが、経済学の教科書が説くように、市場経済で成立する価格は、あらゆる財やサービスの追加的一単位当たりの満足度と価格の比が一定になるようなところで均衡状態が生まれると想定する。だから（例えば、「重量」ではなく）価格をかけることがその経済に参加する国民の満足度の総和と考える根拠となるのだ。市場価格が成立していない統制された経済（例えば旧社会主義国の計画経済における価格の決め方など）では、GDPの集計はこうした前提を満たしてはいない。

出来上がったこのGDPという指標と、実際の経済生活の豊かさ、あるいは人間の抱く幸福感との関係についての反省も必要だろう。GDPの前は、国民総生産（GNP）という指標が用いられていた。後者は、例えば日本人という国民が生み出した経済価値に注目する概念であったが、海外での直接投資活動が活発になってくると、GNPはもはや国内の（domestic）経済状況の有効な指標とはなりえない。日本の経済的豊かさを考える場合には、日本国内で生み出された経済価値に注目するGDP概念の方が適切だと考えられるようになったのだ。

GNPにしろ、GDPにしろ、こうした豊かさの測定のために案出された集計概念の持つ問題点を指摘する次の比喩は興味深い。

GNPをベースにした経済政策は、「乗員・乗客の乗車前と降車前の機関車の重量を測定して、その差を計算し、全員に一つの同じ食餌メニューのベースを作成する栄養士」のようなものだというのだ（この Garrison のたとえは O. Morgenstern, 1950 に依る）。

虚無主義に陥らず、改善を進める

おそらく問題は、GNPないしGDP測定の不確かさと、国民が「自分の生活にどの程度満足しているのか」と自己申告したデータ（self-reported satisfaction）の曖昧さと、どちらが豊かさ（あるいは経済的厚生）の代理指標として「傷が浅いか」ということになろう。大事なことは、「だからGDPなんて意味がない」といった虚無的な姿勢（nihilistic position）に陥ってはならないということだ。

筆者が大学院生であったころ、経済成長論で優れた仕事をしたロバート・ソロー（1924〜）が次のような面白い譬《たと》えを用いて、こうした虚無主義を厳しく戒めたことを思い出す。「ある町の賭博場に置かれたたった一つのルーレット盤には、誰にでも分かる明らかな歪《ゆが》みがあった。人は「あんな歪んだルーレット盤で賭けなんかできない」と言う。しかし「この町にはこのルーレット盤しかないんだ！」と叫ぶよりほかはない。むしろその盤の癖や「歪み」の性質についてよく理解しておくことが重要なのだ」と。

GDPという指標の「歪み」の性質を究明するとともに、それを補完する指標を模索することも必要であろう。戦後世界の先進工業国でGDPが飛躍的に増大したにもかかわらず、「自己申告された幸福」の程度は少ししか上昇していない（Oswald, 1997）。そこで厚生を左右する要素として「所得」以外のファクター、健康、家庭、仕事、社会的な信頼の風土などを分析の対象にすべきだという主張が現れた。そして国際比較、過去との比較のために大規模なサーベイ（調査）を行い、数値で観察するのが難しい不平等、環境劣化、インフレや失業への感じ方を直接聴き取るという作業が行われている。

いずれにせよ、アマルティア・セン（1933〜）が指摘するように、貧者は意思能力はあっても経済的な条件ゆえに行為能力（capability）が発揮できないことがある。その場合、「自由な選択」あるいは「自由な行動」をとれない状況にあるため、個々人の「選択」は、経済的な豊かさを計測するための限られた情報しか与えていない。それゆえ市場で表明された選好（expressed preference）で構成された「市場価格」で評価し集計された「経済的な豊かさ」を再考する必要が出てくる。つまり、自分にとって最善と思う選択ができない状況でとられた行動の生み出したGDPという集計量に、どれほどの経済福祉的な意味があるのかという問いを避けては通れないのだ。

「無茶な議論」をしないために

社会研究で用いられる数字は大きく次の三種類に分かれる。（1）人口、労働力、財政支出、国債残高など概念そのものが数字で直接表現できるもの、（2）先に挙げたGDP、あるいは利子率、物価のように、概念を一意的な数字で直接表現はできないが、代理の指数を作成して数字で表現できるもの、（3）そもそも概念そのものに量的な要素が含まれないもの、の三種である。

（1）については、もともと概念自体が量的なものであるから、特に説明を必要とはしない。数字の中で、概念と指標が一番密接に重なっているのは、人口であろう。人口は自然数で数えられる。もちろん、その社会に人の移動（出入り）があれば、どの時点で（スナップショットのように）人口を数え上げるのか、出生、死亡、転出（移出）、転入（移入）などの人口の動態を知ることも重要になる。人口はどれほどなのか、その中のいかなる割合が労働力として経済的な活動に従事している（economically active）のかは、まずもって国や社会を研究するときに知っておくべき数字であろう。

（2）はすでにGDPを例として説明した通りである。物価も実際には多くの財・サービスの価格が存在しているので、物価は集計変数にすぎず、一つの人工構成物（artifact）だと自覚する必要がある。

（3）のタイプとしては、大学の格付け、「学力」や能力の測定、医療制度の格付けなど、近年多くの分野で見られる「測定競争」がある。この数字の扱いには慎重でなければならない。自分が研究の対象とした社会を分析する際には、数えられるもの、測定できるものにすぐ関心を向けるのではなく、まずいかなる概念を用いて自らの問いを立てるのか、その後にその概念をいかに数値化するかという方向が正攻法であろう。重要な概念が常に測れるとは限らないし、測れるものが常に価値あるものとも限らない（ジェリー・Z・ミュラー『測りすぎ』）。

一般に、数字による表現には重要な意味がある。数字を把握していないと、半可通の人がよくやる「無茶な議論」「勇ましい議論」をしてしまいがちだ。「無茶な議論」とは、数字の裏付けのない、単なる主張（assertion）に過ぎないような論である。実証的な学問には常に論証（demonstration）が必要になる。もちろん、「こうありたい」という信条や希望を持つことは大切だが、社会問題に関しては特に、主張と論証をしっかり区別する冷静さが求められる。

イギリスの経済政策の研究者アレック・ケアンクロス（1911〜1998）の言葉、「主張することは簡単だ。難しいのは論証することだ（Assertion is easy, demonstration difficult.）」は社会研究の重要な姿勢を述べたものだといえよう。

「無茶な議論」や「勇ましい議論」をしないために、細かな数字や事実をできるだけ正確に知ることは不可欠だ。根拠のない空想や願望的思考（wishful thinking）がとんでもない主張を生み出さないよう、足を地につけるために、数字を押さえておくことがまず必要になる。そのためにも、社会研究を志すからには「ポケット統計」のようなものを持ち、基本的な統計数字をいつでも見られるようにしたいものだ。

数字を扱うときの留意点をもう一つ挙げておこう。政府や様々な団体が作成したいわゆる「公式統計」と呼ばれるデータを見る場合、その統計は誰が、どのような目的で集めたものなのか、そして使われている用語はどのように定義されているのかを、注意深く確認する必要がある。慎重な研究者は、調査票そのものに立ち返って、質問項目を必ずチェックしている。例えば雇用状況を示す「完全失業者」という重要な概念があるが、この「完全失業者」を数え上げるとき、「あなたは完全失業者ですか」と問うているわけではない。「労働力調査」の調査票のどの項目に、どのように答えている人を「完全失業者」とみなしているのかを確定し集計している。そのプロセスを知らなければならない。そうしたチェックを経てはじめて、その統計の持つ多少の癖やバイアスを知ることができるのである。

歴史を学ぶときとの共通点

実は、この「細かな数字や事実」の大切さは、歴史の学習や研究についても当てはまる。

高校で学ぶ歴史は年代や人名ばかり覚えさせられて、大きく歴史を論ずる力、歴史的に考える力を弱め、歴史は「暗記科目だ」という誤った先入観を植えつけていることは事実だ。私の経験では、欧米の学生の中には、「なぜイギリスで最初に産業革命が起こったか」「第一次世界大戦はなぜ起こったか」など、唯一の正解が必ずしもない問いについて堂々と論じる者がいる。一方、日本の学生は、歴史というと、薄い教科書にびっしり記された年代や事件名、人名を覚えることに汲々として、歴史学への興味を失ってしまう者がいることは否定できない。

しかしこの「細かな事実の暗記」に全く意味がないわけではない。細かな年代、人名、事件の時間的経緯について正確な知識をまず持っていないと、議論が浮ついたものになり、やがて事実をすっかり置き去りにして、「論より証拠」ではなく「証拠より論」に熱中し、自分に都合のよい解釈を主張してしまうことになりかねない。

「知的誠実さ」と「倫理的誠実さ」

この点に関連して、人間あるいは人間が織り成す社会について「知る」という姿勢には、二つの誠実さが求められることに留意しておきたい。「知的誠実さ」と「倫理的誠実さ」、この二種類の誠実さを区別せず、混同してしまう誘惑は常に存在する。しかもこの二つは時に両立させることが難しい。

知的誠実さというのは要するに、数字や文書、あるいは聴き取りなどで見つかったことを事実として認め、それをまずは一旦受け入れるということだ。しかし、その事実を、例えばそのまま政策に使うとか、あるいは吹聴するとか、それに特定の価値を与えて無反省に主張し続けるということは、倫理的な誠実さと必ずしも一致しない。反対に、倫理観やイデオロギーに染まりやすい人の場合、道徳的な判断を重んずるあまり、厳しい現実や不都合な事実に目を背けてしまう可能性がある。

こうした状況は自然科学でも発生する。最近の自然科学、特に人間の生命や遺伝に関わる分野では、このような実験や作業に踏み込んでもいいものだろうかと思われるような研究もある。倫理的誠実さが重要だという判断に立てば、その知的営為によって得られた真理に蓋《ふた》をすべきだという考えもありうる。しかし「知ることを欲する」人間には難しい。

生命科学の分野において、どこまで学問的に明らかにすべきなのか。どこまで生命自体を科学的な操作の対象にしてもよいのか。こうした問いへの答えは、それぞれの人々が抱く生命に対する信条や立場によって異なってくる。社会研究の分野でも、例えば税や補助金、財政支出や金融政策について、その効果は所得や資産によって多岐にわたる。その場合、どの社会グループに対する効果を念頭に政策を打つべきなのか意見が分かれるケースは多い。そのため完全な社会的合意に到達することは難しい。おそらくルールを作成しても、抽象的な（理念的な）ものに終始して、具体策として実効性のあるものは生まれにくいだろう。とは言え、倫理的誠実さを闇雲に優先させて、知的誠実さを無視することにも問題が残る。

自然科学的な体裁を目指すことのマイナス面

あらゆる学問において、自然科学的な体裁をとれば、その研究内容の学術的レベルが高いと思い込む傾向が生じやすい。自然科学に似せようとする努力には、厳密さ、正確さを求めるという点で、もちろんプラスの面はある。他方、自然科学的な分析のフレームワークに収まる問題だけしか取り上げなくなるといったマイナス面も出てくる。

よく紹介される話として次のような譬えがある。夜中に公園の電灯の下で、探しものをしている男がいる。何を探しているのかと尋ねると、重要な物を落としたと言う。どこで落としたのか聞くと、暗闇の方を指して、「あっちで落とした」と言う。つまり、電灯が照らすことができるところの問題だけに集中して、向こうの暗いところに重要な問題があることを知りながら、それに目を向けようとしないような態度が生まれるのだ。

また、すぐに役に立つことだけを研究していると、すぐ役に立たなくなるような問題だけのためにエネルギーを使うことになりかねない。実利性はもちろん重要だが、実利だけを求める学問の世界（アカデミア）は長期的にはおそらく根本的な問題に向き合う余裕がなくなり、弥縫策《びほうさく》の研究だけに終始するという事態を招くだろう。

「真理」を求めるか、「真らしい」ものを求めるか

このような留意点を並び立てると、経済学など社会研究の学問はなんと不確かで、厳密性のない学問分野なのだろう、と読者は感じるかもしれない。しかしそうした印象は、学問的真理に対するバイアスのある反応であって、理性をベースにした論理による推論、あるいは正確さと厳密さを第一に考える近代科学の「外形」「形式」のみに目を奪われた反応といわざるをえない。もちろんこうした正確さや厳密さは分野によっては不可欠であろう。しかしこの姿勢は、ルネ・デカルト（1596〜1650）以来の、数学を学問の女王とする自然科学の方法のみに学問を限定する狭い考えに陥る危険性がある。

われわれが探求する問いには、数理的な論理だけでは答えられない問題が山のように存在する。したがって論理的に証明可能な「真理」と、論証することのできない「真らしい」物事があるということを知る必要がある。厳密に論証できるような性質の問題と、正確に論証はできないけれども、これは「真らしい」と思われる事柄の区別である。

つまり大きく分けると、論証を目的とする学問と、探究し続けるようなタイプの学問があ

るということだ。この点を強調したのはジャンバッティスタ・ヴィーコ(1668〜1744)である。この違いを認識しないと、すべてが数理的な論証の学問だと考え、論理的に正しいかどうかだけに目を奪われてしまう。自然科学的な厳密さなり正確さを尊重するあまり、問題がそのフレームワークに当てはまる性質のものか否かを十分検討しなくなる可能性がある。

論証の学問は、「真」か「偽」かを明らかに示すことができる。したがって、問題の選び方、問い方には好みや政治的な意識が入り込む可能性はあるものの、一旦立てられた問いに対する推論と結論は、価値中立的な場合がほとんどであろう。しかし、数理的な論証になじまない「問い」や「命題」は、その結論は言うに及ばず、その推論の前提自体に主観的な判断が入る可能性がある。特に社会研究は「問題」の重要性の判断自体が政治的な主張につながることが多い。政治的な力、世間の評判、承認欲求(善い人だと思われたい、優れていると評価されたい)など、先に述べた「誠実さ」の問題と表裏一体の関係が伏在しており、政治的な判断と結び付きやすくなるのだ。

政治の力から自由な学問はあるか

世間の評価とか政治的な圧力から全く自由な学問があるかどうかをアダム・スミス(17

23〜1790）が論じている。スミスは『道徳感情論』の中で、グラスゴー大学とエディンバラ大学の数学者の誰それは、自分の仕事が世間から評価されているかどうかに全く無関心で、気にかけていない。ニュートンも、自分の著作が数年間人々の話題に上らなかったことに対して気にはしていなかっただろう。それに比べて、ほかの分野の学問はしばしば学派を形成し、自分の評価とは異なる仕事に対して、嫉妬《しっと》し批判を重ねることが多いというのだ。

アダム・スミスの時代には、自由な学問は高等数学と「自然哲学」くらいだと考えられていたようだ。ここで言う「自然哲学」とは、自然の事物や自然現象を総合的・統一的に理解しようとする（ルネッサンス期以後18世紀末までの）形而上学を指している。現代のように学問が細分化され、方法論が似てくると、どの学問が「真」を目指し、どの学問が「真らしい」事柄を探究しているのかの分類は難しくなる。

それでも自然科学に莫大な研究費が必要となった時代には、その学問が世間や政治の力から自由だとは言えない。研究テーマの設定だけでなく、その研究を実行するためにも、研究者の政治力が問われるようになる。高価な実験装置を買う予算をどう獲得するのか、どのように研究者たちを組織するのか、など予算獲得のために研究の意義や重要性を説明しなければならなくなった。世間や同業者たちからの評価に全く無関心であることは難しい。

言うまでもなく、自然科学といっても、すべてが同じ性質の対象を研究するわけではない。

したがって、その研究方法がすべて同じということにはならない。自然科学が対象とする世界にも、われわれが身を置く現実の社会のように不確かで曖昧なものがある。地震や気象の研究も難しそうだ。しかしこのことをもって、「理想的な科学」からは程遠く不確かであるから科学が無力だと考えてはならない。問題の性格を知り、探求の道具・方法を問題の性格によって使い分けることが大切なのだ。

ちなみに、筆者が、「社会科学」という言葉をあまり使わず、むしろ「社会研究」という言葉を使う理由もこの点と関係している。「社会科学」といってしまうと、人間も社会も科学的に分析が可能で、分析によってすべての「真理」が白日の下に明らかになるという楽観的な見方を生みやすい。人間と社会は「科学的手法」で分析できる側面があることは確かだが、それで人間と社会をすべてを理解できるわけではない。こうした認識も重要と考えて、「社会研究」と呼ぶことにしている。「社会研究」と密接に関係する歴史学や思想研究が科学的方法では探求できないように、「真らしい」ことを探求する学問には、自然科学を念頭に置いた科学という言葉はなじまない場合がある。

3　方法を使い分ける

社会研究と自然科学の違いとは

自然科学と社会研究の間には違いがいくつか存在する。もちろん、これら二つの分野の間に明確な境界線が引かれるわけではない。例えば霊長類の研究（primatology）などは、猿やゴリラ、チンパンジーの心理や行動、あるいはその集団の支配の構造や秩序の形成の仕方などを研究する場合、用いられる概念や理論は、社会研究と似てくるであろう。しかし大まかに研究対象の性格、問題の立て方、接近方法などを比べれば、一般に、自然科学と社会研究に違いが存在することは確かだ。その違いと共通点についていくつか確認しておこう。

個別の経験がすぐに学問にはならない

物理学や化学の分野の専門家たちの研究テーマや論争内容について、一般の人々が意味のある発言をすることはまずない。それほどに玄人《くろうと》と素人《しろうと》、あるいは専門家と非専門家の間の知識や理解の差は大きい。それに対して、政治や社会の問題に対しては、誰しも自分の生活や経験から得た個別的な知識に基づいた考えや意見を持っている。そうした知識や経験は貴重ではあるが、どれほど一般化できるのかは注意が必要だ。

社会研究には非日常性（危機など）を研究する分野もあるが、多くは、原則として人々の日常生活（ordinary life）の基本構造をその論究の対象としている。人々は社会問題を「個人的には」実感しているものの、その実感がそのまま経済学や政治学の知見となるわけではない。経済学の主眼はあくまで、ある意図なり変化が、「全体として」どのような帰結を生み出すのかという点を分析するところにある。個人の関心と経験がそのまま学問となるわけではない。

しかしインフレや失業のような身近な経済問題では、その分析のための訓練を受けていない者の発言が強まることがある。こういう現象は、自然科学の分野では起こらない。つまり、物理学や医学・生物学で何かを論じることは、長い間積み上げてきた基礎的訓練があってはじめて可能になるからだ。社会研究においても、こうした事情はほとんど変わりがないのだが、問題自体の「切実さ」や「身近さ」ゆえに、その学問が持つ体系とは別の視点から当事者としての主張を述べることができる。

社会研究にも「積み上げ型」の基礎的なトレーニングが必要だということは意外に理解されていない。統計の見方、文書資料の読み方、聴き取り調査の進め方などは、すべて時間のかかる訓練を必要とする。人間の「こころ」を研究する心理学なども、すぐに人の心が分かるようになるわけではない。分析の仕方を、訓練によって学び取らねばならないのだ。

高校時代の友人が、臨床心理学者の霜山徳爾《しもやまとくじ》（1919～2009）の著作に感銘して、人間学的な心理分析の勉強をしたいと強く思い、霜山に直接アドバイスを求め、「何をまず読んだらよいでしょうか」と尋ねたところ、「まず、ドイツ語を勉強しなさい」と言われたと話してくれたことがあった。これこそ、「魚を素手でつかみ取ることなど無理だ。まず網を作るか、釣り道具を手に入れなさい」という「迂回《うかい》生産の原理（roundabout method of production）」の重要性を指摘したアドバイスだと思う。時間がかかるように見えるが回り道をし、「積み上げて」いかないと、よい結果を手にすることはできないという点で、あらゆる学問の根本は同じなのだ。

定義の不確かさ

すでに述べた点であるが、自然科学には概念そのものに、量的に測定可能なものが含まれているものが多い。自然科学では概念と用語に「一意性」が認められ、測定可能なものが中心をなしている。したがってその根本概念には曖昧さがない。しかし人間や社会の研究においては、その中核的な概念がかなりの幅を持つ場合が多い。測定できたとしても、定義がいくつかあり、したがってその結果は一つではない。先に述べたように、「豊かさ」を測定するのにも、指標はＧＤＰだけではなかった。

経済学で中核的な位置を占める「資本」という概念も、一意的にその意味が確定できず、測定の段階になると、その困難はさらに高まる。例えば、大変な評判を呼んだフランスの経済学者トマ・ピケティ（1971〜）の大著『21世紀の資本』で用いられた資本概念は、カール・マルクス（1818〜1883）の資本概念とも、現代経済学のそれとも異なっている。ピケティが定義する「資本」概念には、機械などの物的資本だけでなく、住宅（これをピケティは重視）、土地、金融資産（現金、債券、株など）、知的財産権、奴隷の価値なども含まれており、「富」の概念に近い。実際、ピケティは資本、富、資産をほとんど同義に用いている。

もちろん、何が含まれるのかが明確に示された上で測定されているわけであるから、それ自体に問題があるわけではない。しかし「資本」という基本用語の用い方が、研究者によって異なる点は注意を要する。経済学における最も基礎的な概念ひとつをとっても、定義が確定しているわけではない。こうした問題は概念の一意性という厳密さを重んじる自然科学では、あまり見られないのではなかろうか。

大根を「正宗」で切らない

自然科学と社会研究には、記述の仕方に相違があり、それぞれ独自の研究対象と方法があることにも注意すべきであろう。自然科学の厳密さそのものを尊重するあまり、問題も対象も異なる問いに対して、自然科学の研究メソッドをそのまま社会研究に用いることが、学問的な進歩だと思い込んではならない。この点についても、アリストテレスの言葉は傾聴に値する。

「われわれの対象の素材に相応した程度の明確な論述がなされるならば、それでもって充分としなければならないであろう。（中略）だいたい荒削りに真を示すことができるならば、つまり、おおよそのことがらを、おおよその出発点から論じて、同じくおおよその帰結に到達しうるならば、それをもって満足しなければならないであろう。（中略）その場かぎりの仕方で語ることを数学者にゆるすことが不可ならば、弁論家《レートリコス》に厳密な「論証」を要求するのも明らかに同じようにあやまっているのである」（『ニコマコス倫理学』第一巻第三章）

要するに、大根をわざわざ名刀「正宗《まさむね》」で切ることはない、ということなのだ。

なぜフィールド・リサーチは避けられるのか

「方法論」の最後として、近年あまり論じられることのない、「聴き取り調査（フィールド・リサーチ）」について簡単に触れておこう。労働研究の分野でもフィールド・リサーチを行う若い研究者が減ってきているようだ。なぜ、フィールド・リサーチは避けられるようになったのだろうか。その理由を考えてみたい。

近年の「社会科学」の実証研究は膨大な量の数量データを用いて、変数間の数量的関係

（多くの場合相関関係）を調べるために回帰分析等の統計的推定の作業を行い、仮説をテストするという手法を用いるものが圧倒的に多い。こうした統計処理が中心のエコノメトリック・メソッド（計量経済学的方法）を用いた論文の書き方には、自然科学分野の論文と似た定型的な形式がある。まず問題を提示し、これまでの先行研究の問題点や限界を論じ、用いるデータを吟味しつつ、変数間の相関関係を新たにテストする。その結果、何が新たに分かり、何が未解決なのかを示すという構成になっている。

しかし社会研究の論文の場合、このような構造をそのまままとめることが困難なケースがある。そもそも既存の概念や理論モデルを前提としないような問題の研究は、数量的な分析にすぐさま入ることは難しいものが多い。特に「事実」の把握を中心としたフィールド・リサーチの場合、直ちに統計的な処理を適用できるようなデータが整っているわけではない。定まったスタイルがないと、研究論文としてまとめる際、プレゼンテーションに困難が伴うことは避けられない。フィールド・リサーチには、設定された問い自体に数量化を拒むような性質のものが多い。探求したい問いを、仮説として命題の形に定式化（formulate）することに高いハードルがあるのだ。さらに、仮に問いが出来上がっても、概念を変数に置き換えるに際して、適切な指標の選択は容易ではない。必要な概念化（conceptualization）が難しいだけでなく、先に「技能」や「生産性」を例として説明したように、仮説を立ててテストできるようにするための「指標」を開発するには慎重な検討が必要になる。要するに、フィールド・リサーチは研究結果のまとめとしての「形」が作りにくく、論文としてまとめあげるまでには、相当の手間と時間がかかるのだ。研究に時間がかかれば、論文の形でそれが同分野の研究者たちから認められるのにも時間がかかる。優秀さを早く認められたい者は、よい結果が早く論文の形でまとめられる形式のアプローチを選ぶ可能性がある。

試行錯誤の可能性

しかし、社会研究の対象となる諸々の問題は、統計的処理だけで答えが得られるものばかりではない。現実には、統計が使えない、あるいは量化できないタイプの問題があまた存在する。また、数量的なデータや文献資料が存在し、利用できても、現実の慣行と書かれた資料が異なると推測されるようなケースも少なくない。

研究者は、関心を持つ問題の全貌をはじめから知悉《ちしつ》しているわけではない。現実の（経済）活動を観察し、聴き取りを行い、時として現場に参与させてもらいながら、現実の生きた活動に接することによってはじめて気付く問題も多い。したがって、新しい問題の理解や解決方法を見つけようとする場合、フィールドで試行錯誤を重ねて自分で見つけていく方法（heuristic）で調べることが不可欠になる。

これはいわゆる「アンケート調査」と呼ばれる方法とは根本的に異なる。アンケート調査は、研究者が設定した問いに答えてもらい、その回答結果を解析する。問題はすでに「問い」の形で、研究者の知識と問題意識の範囲に限定されてしまっている。したがって、「やはりそうだった」「予想通りだった」という理解に終わることが多い。予想と異なっていたからといって、アンケートの結果からさらに新しい問いや情報が入ってくるわけではない。つまり、研究者の認識と理解を確認するという作業にとどまりかねない。その意味では、アンケートをデザインした段階で研究としての質が決まっているといえよう。

フィールド・リサーチには、試行錯誤の可能性が織り込まれており、聴き取りを続ける過程で発見された事実により、修正された新たな仮説をさらにテストすることができる。もちろん、フィールド・リサーチと一口に言っても、その目的と規模・密度によって様々なタイプに分かれる。大きく三つに分けると次のようになろう。

(1)国際比較のための大規模な聴き取りを軸にした共同研究。いくつかの「論文」と「本」にまとめあげることを目的とするもの。

(2)(数量的分析のための)部分的仮説をテストするため、小規模な聴き取りを事前に行うもの。問題意識が現実的な妥当性を持っているかを調べるための聴き取り調査である。

(3)計量研究・理論研究の準備段階として、予備的に行うもの。米国の理論経済学者の創発的な研究にはこれを含むものが多い。

具体的なフィールド・リサーチの進め方についての古典的な著作として、ウェッブ夫妻（Sidney and Beatrice Webb, *Method of Social Study*, 1932）、マックス・ウェーバー（『工業労働調査論』）などの調査論が存在する。近年の労働研究や社会学の分野では小池和男《かずお》（『聞きとりの作法』）、佐藤郁哉《いくや》（『フィールドワーク——書を持って街へ出よう』）などによっていくつかの優れた「指南書」が書かれている。

研究計画書のすすめ

ここではフィールド・リサーチを行うにあたって、道に迷わないために一点指摘するだけにとどめたい。

そもそも自分が何を知ろうとしていたのかを書きとどめておくことは重要だ。そのためにまず研究計画書を作成するのがよい。とにかく書いてみることは、いかなる場合でも、自分の考えを少しでも深めるために必要だ。また、一度聴き取りを始めると、面白くなりどんどん本来の目標と別方向に好奇心が働き始め、自分が何を知ろうとしていたのか見失ってしまうことがある。そうした混乱を避けるためにも、研究計画書は重要である。研究費の申請のためにも、聴き取りをさせてもらう人に研究の趣旨・目的を理解してもらうためにも、研究計画書は不可欠だ。テーマ・問題意識（なぜこの問題を取り上げるか）から始まり、何を、何によって説明しようとしているのかを事前に検討（共同研究の場合は、メンバーの間で共有）しておかなければならない。

文献サーベイの重要性

最後に、自分が取り組みたい問題について、従来の研究が何をどこまで明らかにしているのか、文献サーベイの重要性についても触れておく。先行研究を知ることは、思考の節約のためにも、そして何よりも先達の研究へ敬意を（クレディットの形で）示すためにも欠かせない。そして、先行研究のどこが問題か（不十分か）、自分の研究が新しく何か付け加えるとすれば、どの点においてなのかを示さなければならない。先人の仕事と関係なく、研究者が一人で、全くの白紙から何かを新しく生み出すという例は現代においてはほとんどない。すべては積み重ねなのだ。ただ、あまり先行研究を読み過ぎると、既出の研究から抜け出られなくなるという弊害もある。したがって何がどこまで分かっているのかを知ることが目的であると心得ておきたい。

先行研究の意味について、山中伸弥《しんや》教授（1962〜）が、ノーベル賞を受賞したときの会見で、同時に受賞したジョン・ガードン英ケンブリッジ大名誉教授（1933〜）の仕事に言及しながら、概ね次のように述べていたことが印象に残る。

「科学的な真理は、何枚ものヴェールに覆われている。科学研究はそのヴェールを、いわば一枚一枚はがしていくようなものだ。ガードン博士は厚いヴェールを取り除いて、見通しをよくした。自分もその流れの中で、たまたま運よくかなり重要な一枚をはがす幸運な研究者となった」

学問と研究は「運、鈍、根」といわれることがあるが、山中教授はその事実を冷静に理解して謙虚に語っていると感じた。

第2章　社会研究における理論の功罪

1　リカードの「明晰さ」と「悪弊」

グランド・セオリーと預言

理論と一口に言っても、社会研究の分野には様々な種類とレベルの理論がある。いかなる根拠でもって、そしてどれほどの時間軸で経済社会の動きを見通そうとしているかにより、その理論の信頼度と魅力は異なってくる。ただ、面白いものは概して根拠が薄く、根拠のありそうな理論には大向こうをうならせるものは少ない。

いわゆるグランド・セオリーと呼ばれる、歴史や経済発展を一般化した「法則定立」的な巨視的理論がある。この種の理論を頭から無価値なものとして退けることはない。だが人間社会の未来を見通すにあたって、その時平《じへい》（time horizon）と根拠を意識することは重要だ。『経済学者、未来を語る――新「わが孫たちの経済的可能性」』（イグナシオ・パラシオス＝ウエルタ編）は、これまで世界の経済学を牽引《けんいん》してきた研究者たちによる未来予測を10篇収めている。同書の中で、ハーバード大学教授だったマーティン・ワイツマン（1942～2019）は気候変動による将来社会についてのシナリオを論じている。この優れた理論家が、冒頭で次のように述べていることに注目したい。

「率直に言って、未来の知的探索はSFの領域に属する作業だ。予測というよりは推測していかなければならない。現代のアイデアに基づいて考えていくが、そこから確定的な結果が導き出されるわけではない。だから本章もSFの体裁をとり、できれば優れた仕上がりになってほしい。現在と未来の結びつきについて大きなスケールで考えるだけでなく、人間と周囲の自然条件に関しても大きなスケールで考えるきっかけになれば幸いだ」

気候変動の問題を考えるとき、まず気温や降水量がどのような幅の循環と趨勢を示しながら変化して来たのかを検討しなければならない。その上で、近年の気候が、果たしてどの程度異常なのか、二酸化炭素ガスの放出量が増え続ければ、地球は将来的にどのような現象に見舞われるのか、こうした問題を広く、そして長期的な視野から「推測」する必要がある。ことは気候変動に限らない。人間の経済活動が招いた「外的」な環境の変化だけではなく、人間自身が生み出した政治経済体制であるリベラル・デモクラシーと市場システムも、人間社会を大きく変えてしまう可能性がある。いくつかの欠陥を持つこうした政治経済システムの維持可能性（sustainability）を憂え、現代社会の危機を指摘する理論も少なくない。また、AIはじめIT技術による技術環境の急激な変化が、社会生活に与える影響に関して近年いくつもの説が提示されている。

この種のグランド・セオリーを頭から退けるのではなく、預言者の「荒野に叫ぶ声」として心にとめておくことは必要だ。しかし残念ながら、人間社会の形を規定する要素はあまりにも多く、それぞれについてのわれわれの知識は極めて不完全だ。したがってこうした長期を予測するグランド・セオリーを、根拠のない「御託宣《ごたくせん》」と区別することは難しい。データと科学知識に基づいた予測なのかどうかを追試して判別することは容易ではない。

概してグランド・セオリーは「預言（prophecy：神から預けられた言葉を人々に伝える）」に近いものが多く、何らかの倫理的勧告が含まれている場合がある。預言は、帰納と演繹《えんえき》という推論の文法を超越するような「神的直観」から発せられる。したがって「預言」と「予言（prediction：未来の物事の推測）」とは性格が異なる。反証可能性のある形に命題を提示すること、そしてその命題を論証することが重要なのだ。第1章で紹介したイギリスの経済政策学者ケアンクロスの言葉、「主張することは簡単だ。難しいのは論証することだ（Assertion is easy, demonstration difficult.)」を思い出したいものだ。

仮定に潜む価値判断

それでは社会研究において、グランド・セオリーではない理論とは何なのか。「学説」「理論」「定理」など、その呼称と位置づけは様々であるが、経済学に限っても理論と呼ばれるものは数多くある。一定の条件（仮定）のもとで、ある行動仮説（何を目標に人々は行動しているのか）を前提として論理的に推論して一般的な命題に達することができれば、それは「理論」と呼ばれうる。

理論とは、ユークリッド幾何学のように、仮定あるいは条件を設定してそこから論理的に演繹して一定の結論を得るという構造を持っている。したがって、仮定や条件の中にすでに結論が隠されていると考えることもできる。また、主体が明確な目標を持って行動するという仮定には、その理論が想定する人間像や、理想的な社会のイメージが入り込んでいる。こうした仮定の持つ価値的な側面、すなわち、人間が何を優先させて行動するのか、その理論が何のために、誰を説得しようとしているのかという点でも、価値と理論を切り離すことは難しい。その理論自体の論理構成は政治的立場から独立しているように見えるときでも、その仮定、加えて結論の解釈が価値判断につながることがある。例を挙げながらこの点を考えてみたい。

リカードの比較優位の理論

筆者が経済学を学び始めたころ、一番感心したのは、貿易における「比較優位」の理論であった。経済学の説くところは、だいたい直感や常識と変わらないものが多いと思っていたが、デイヴィッド・リカード（1772～1823）の（絶対優位ではなく）「比較優位」の理論には直観を裏切るような新鮮さがあった。二つの国にとって、貿易をする方が、自給自足の状態よりなぜ経済的に豊かになりうるのかについて、見事な答えを与えていたためだ。詳しい解説は「国際経済学」のテキストに譲るとして、この理論が少し直感や常識に反すると感じる点を、その定式者リカードの『経済学および課税の原理』第7章の数値例に沿って説明しておこう。

「イギリスは、毛織物を生産するのに一年間に一〇〇人の労働を要し、またぶどう酒を醸造しようとすれば、同一期間に一二〇人の労働を要するような事情のもとにあるとしよう」

「ポルトガルでぶどう酒を生産するのには、一年間に八〇人の労働しか要せず、また同じ国で毛織物を生産するのには、同一期間に九〇人の労働を要するかもしれない」

この技術条件をまとめると**表1**のようになる。

表1　リカードの数値例（生産に必要な労働力）

	ポルトガル	イギリス
毛織物	90人	100人（輸出）
ぶどう酒	80人（輸出）	120人

出所：リカードウ『経済学および課税の原理』上巻、第七章、pp. 191-192より作成

ポルトガルは、ぶどう酒についても毛織物についてもイギリスに対して「絶対優位」にある。しかしイギリス国内とポルトガル国内それぞれの、ぶどう酒と毛織物の優位性を比較すると、ポルトガルのぶどう酒はイギリスに比べて「比較優位」にあり、毛織物は「比較劣位」にある。ポルトガルは、ぶどう酒でも毛織物でも、労働者の1単位時間当たりの労働投入に対する生産量はイギリスを凌《しの》いでいる。しかしその「凌ぎ方の程度」において、ぶどう酒の方が高い。したがって、イギリスは毛織物の輸出によってぶどう酒を輸入し、購入することが、自国の利益であるとみなすであろう。ポルトガルはぶどう酒の輸出によって毛織物を輸入するのが、自国の利益であるとみなすであろう。

リカードはこのやや直観に反する論理の意味を次のように説明する。

「この交換は、ポルトガルによって輸入される商品が、そこではイギリスにおけるよりも一層少ない労働で生産されうるにもかかわらず、なお行なわれうるであろう。ポルトガルは毛織物を九〇人の労働で製造しうるにもかかわらず、その生産に一〇〇人の労働を要する国からそれを輸入するであろう。なぜなら、ポルトガルにとっては、その資本の一部分をぶどう栽培から毛織物製造へと転換することによって生産しうるよりも、一層多くの毛織物をイギ

リスから交換入手するぶどう酒の生産にその資本を投下する方が、むしろ有利だからである」

サムエルソンの挙げた譬え

リカードの説明だけでは核心を実感できないかもしれない。米国の経済学者ポール・サムエルソン（1915〜2009）がミリオンセラーの彼の教科書『経済学』で挙げた例が、分かりやすい「譬え」として紹介されることが多い。サムエルソンは、ケインズ経済学と新古典派経済学を統合した20世紀におけるスタンダードな理論（「新古典派総合」）の確立に貢献した理論経済学者である。ただし、教科書でしばしば用いられるサムエルソンが挙げたこの例は、必ずしもリカードのモデルに完全に沿うものではない。直感的に分かりやすい譬えと考えるべきであろう。

ある法律事務所に弁護士と秘書がそれぞれ一人いる。弁護士も秘書も法律知識とタイプ双方の知識・技能を持っている。しかし秘書は、法律知識でもタイプの能力においても弁護士にはかなわない。ただ秘書の法律知識は、タイプ能力の場合よりも弁護士のそれと比べると開きが大きい。この場合、どのように二人の間で仕事を分業すれば、事務所の仕事の処理量は増大するであろうか。答えは、弁護士は法律業務に専念し、秘書はタイプの仕事に専念すれば、この法律事務所の仕事量（したがって経済利益）が大きくなるというものだ。弁護士がタイプを打っている間に失う利益は大きいが、秘書がタイプの仕事をしている場合に失う利益はそれに比べると小さい。したがって、弁護士は法律業務だけに専念し、タイプの仕事は秘書に任せるのが一番の得策ということになる。

この譬えには、いくつかの条件（それぞれの仕事の必要時間数、どちらも暇にしていることはないなど）が必要であるが、リカードの理論にも、完全雇用であること、産業間での資本・労働の移動にかかるコストがゼロであることなど、いくつかの仮定があることを忘れてはならない。

自由貿易の利益を説くリカードの論理は、さらに多商品の場合、物価や為替相場の変動などを考慮しつつ展開される。その結果リカード理論は、自由貿易体制の下では、どの商品がどの方向に流れるかは生産技術の国家間の比較優位性によって決まること、そして貿易がいかに当事国の生産と消費を拡大するのかを示す基本的な説明道具となった。

このリカードの自由貿易論は、当時の工業資本家たちの望む通商政策とも方向性が合致した。貿易が自由化されれば、大陸からの安い穀物が労働者の生計費（したがって賃金費用）を低下させて利潤の増大をもたらすと考える工業資本家の利益をリカードが代弁したのに対して、リカードの論敵であったマルサスが、穀物価格の下落で大打撃を受けるイギリス内の地主階級の利益を擁護したといわれた。

シュンペーターが批判した「リカード的悪弊」

リカードの自由貿易の利益に関する推論（モデル分析）は、大胆な仮定の下で数値例を用いながら、極めて明晰《めいせき》な結論を与えている。したがってリカードの分析は、理論経済学における数理分析の先駆けとなる偉大な学問的貢献として讃えられてきた。特に、当時議論されていた「穀物法」によって大陸ヨーロッパからの安価な穀物の輸入を堰《せ》き止めたい地主階級擁護派の政策論を論破するには十分な説得性を持つものであった。

しかし彼の議論にはいくつかの重要な仮定が組み込まれている点に注意する必要があろう。一つは、ぶどう酒の製造職人の技能は、熟練の毛織物職人に転換でき、毛織物製造機械はぶどう酒醸造装置に早変わりできるという「技術と機械の可鍛性《かたんせい》（malleability）」である。そこでは貨幣資本と機械設備（物的資本）の区別がなされていない。こうした強い仮定の下で、イギリスとポルトガルの技術の違い（比較優位）が「貿易の利益」を生み出すという結論が導き出されているのだ。具体的には「イギリスは、毛織物を生産するのに一年間に一〇〇人の労働を要し、またぶどう酒を醸造しようとすれば、同一期間に一二〇人の労働を要するような事情のもとにあるとしよう」という仮定にも現れている。現実には機械設備、操作のための熟練とともに、国内においても国家間でも移動や転換は容易ではない。

リカードの所論のように、大胆な単純化の仮定を置き、数理モデルに依拠した論理から現実問題への勧告を導き出す分析方法を、ヨーゼフ・シュンペーター（1883〜1950）は「リカード的悪弊（Ricardian Vice）」という言葉で次のような趣旨の厳しい批判を行った。

彼の関心は直接的で実際的な明確な結果を得ることにあった。それを得るために彼は一般的な体系を粉々に切り刻み、できるだけ大きな部分を束ねて冷蔵庫に放り込んだ。そのため、多くのものが冷凍になり「所与」となった。そしてこれらの仮定によってすべて解決が見つかるまで、単純化の仮定を次々と重ねて行ったのだ。そして望む結果が最終的にほとんど「同義反復」のように現れるまで、単純化を進め、変数間の一方向の関係を打ち立てたのである。このような性質の分析結果を現実問題の解決へと適応する習慣を、リカード的悪弊（Ricardian Vice）と呼ぶことにする（『経済分析の歴史』）。

リカードの仮定では、ポルトガルはぶどう酒生産・毛織物製造の双方においてイギリスより効率が高いと仮定されている。そして「ぶどう酒製造の毛織物製造に対する生産性の優位が、イギリスと比べて高い」という「比較優位」の仮定から、貿易の利益が双方に生まれるという結論を導いたのは確かに驚くべき論理力であった。

しかし、クルーグマンが論文、Scale Economies, Product Differentiation, and the Pattern of Trade で分析したように、イギリスにぶどう畑があったとしても、ポルトガルのぶどう畑には「規模の経済」（広大であれば生産がより効率的になる）が働くためにイギリスは太刀打ちできず、ポルトガルは新しいマーケットをどんどん拡張していくはずであり、同様に、ポルトガルの毛織物業者ははるかに機械化のレベルの高いイギリスに対抗できないため、イギリスの毛織物業者が生産を増大するというのが、現実に起こりうる事態である（Krugman, 1980）。つまり、ぶどう酒と毛織物の二国を合計した総生産量が増加するか減少するかは、資本や労働がすぐに転換・調整できる世界を考えるよりも、規模の経済が働くか否かに大きく依存していると考えるのが自然であろう。

リカードの比較生産費の理論を例に挙げて「リカード的悪弊」の問題に触れたが、リカードの論理尊重の姿勢を悪弊として退けるのはもちろん公正さを欠く。後段で説明するように、理論の価値や有用性を理解しておくことは必要だ。ただ、穀物法が廃止されると（１８４６年）、自由貿易の短い黄金時代（特に１８６０年の英仏通商条約からの１８７９年まで）を経て、その後も貿易の自由を擁護する人たちが、リカード理論を根拠として政策への賛否を論ずるようになったことは確かである。

強者の論理ともなりうる理論の政治性

生産要素が労働しか想定されていないリカードの理論は、20世紀に入ってから貿易理論家たちによって一般化が進められ、自由貿易によって生まれる貿易の利益(gains from trade)を理論的に支える役割を果たしてきた。

貿易が、それぞれの国の労働、土地、資本などの資源の賦存量《ふぞんりょう》(factor endowments)に規定されることを明らかにしたのは「ヘクシャー＝オリーンの定理」である。この定理は、それぞれの国の資源の賦存量の比率と、各種の財の生産に投入する資源の比率(資本集約的か、労働集約的か)が、どの財がどちらの方向に輸出・輸入されるのかという「貿易のパターン」を決めることを示した。自由貿易が世界経済の生産と消費の拡大につながると論じるときに、その根拠とされてきた理論である。

もちろん、自由貿易が当事国に利益をもたらすかどうかという問題は、関税や数量制限の有無だけを念頭に置いて論じられるわけではない。例えば、国内における生産と消費にいかなる税制や補助金政策が適用されるかは、生産費に大きな影響を与えるから、国家間の生産費の比較計算を左右する。その意味では、関税や数量制限だけで「自由貿易か保護主義か」の区別ができるわけではない。そうした複雑な国内政策の問題はこの理論枠組みでは考慮されていない。

ここで理解しておくべきは、経済理論が証明する「貿易の利益」の理論はあくまでも理論であって、すべての貿易制限をなくせば、自由貿易が「現実に」世界経済に必ず最高の利益をもたらすとは言っていないことだ。

世界で最初の工業国となったイギリスは、19世紀の長い時期、「世界の工場」として良質の工業製品を世界に供給しうる生産能力を獲得した。最先端の工業国であったから、自由貿易で国を完全に開いても、外国からの輸入攻勢で国内産業が壊滅的な打撃を受けることはない。ただ穀物だけは、自国で生産すると費用が高く、外国からの輸入に頼った方が安価であった。安い穀物で労働者が生活できれば、工業製品の価格も安く抑えることができ、国際競争力はますます高まる。その条件が整った段階で、イギリスは国家として穀物への関税を撤廃して自由貿易を主張するようになった。自由貿易論は、イギリスにとって大きな利益をもたらすからこそ政策レベルで強く主張されたのであり、「貿易の利益」が理論として明らかになったから「世界経済のため」に推進されたのではない。

その自由貿易論がイギリス以外の世界に広く行き渡るようになったのは、イギリスの経験が、後発国にとっても同じ論理で成立することに人々が気付き始めたからにほかならない。つまり自由貿易が当該国の利益をもたらすことが明らかになった段階で、多くの国々は自由貿易主義の旗幟を鮮明にし始めるのである。

このような論調の変化は、近年の中国の通商政策の変化にも現れている。習近平《しゅうきんぺい》・中国国家主席が世界経済フォーラム（WEF）年次総会（2017年1月17日）で行った基調講演には次のような発言が含まれている。

「われわれはグローバルな自由貿易・投資を揺るぎなく発展させ、開放の中で貿易・投資の自由化、円滑化を推進し、旗幟鮮明に保護主義に反対しなければならない。保護主義は自らを暗い室内に閉じ込めるようなもので、風雨に打たれるのを避けることができるようだが、陽光と大気からも隔絶されることになる。貿易戦争の結果は双方が傷つくだけだ」

この演説が行われた直後に米国第45代大統領に就任した、トランプ氏の演説と比べると、どちらがどちらの国のリーダーの演説なのか見極めがたいほどの時代の変化を感じさせる。端的に言えば、保護主義によって「守り」に入った米国に対して、急成長を遂げて「200年ぶりの復活」と世界経済への参入を果たし、自由貿易の擁護者に転じた中国、という対照的な構図である。中国が自由貿易を主張し、米国が保護主義に出る。それはこれまでの覇権国の相対的地位の後退が、その国を国際経済秩序から離反させる可能性を示しているといえよう。

2　演繹論理はドグマを生む

自由貿易の黄金時代は短かった

先に引用した習近平・中国国家主席の言葉、「保護主義は自らを暗い室内に閉じ込めるようなもので、風雨に打たれるのを避けることができるようだが、陽光と大気からも隔絶されることになる」は実に巧みな表現だ。

発展途上の国は、未発達な産業を抱えたまま世界市場の厳しい競争にさらされると、国内産業が育たなくなる危険性がある。そのため、世界の「風雨」を避けるために保護主義に走ろうとする。イギリスをはじめとするヨーロッパの工業国に比べて産業化で後れをとっていた19世紀の米国は、基本的に農業国家であり、工業製品の輸入に対して高い関税を課し、「保護主義の砦《とりで》」と呼ばれた国であった。19世紀の平均関税率は40～50％に達し、その状態は第一次大戦前まで続いた。

大戦前までの米国は連邦レベルでの所得税を厳しく制限していたため（所得税を課す権限を認めた連邦憲法修正第16条は1913年にようやく批准された）、関税収入は連邦政府の歳入の半分を占めるほどの重要な財源であった。南北戦争の戦費調達によって連邦政府支出は劇的に上昇したが、戦争が終わっても、もとの水準に戻る力は働かなかった。米国にとって関税収入は、それなしでは連邦政府封鎖（government shutdown）を招きかねないほど歳入の中で重要な位置を占めていたのである。

一方、19世紀後半のヨーロッパはどのような状況だったのか。経済力と技術力、そしてリカード理論の影響もあり、イギリスでは自由貿易は合理的な政策と考えられていた。他方、フランスにおける保護主義には根強いものがあった。英仏間の自由貿易を目指す通商条約として知られるコブデン゠シュバリエ条約（英仏通商条約）はようやく１８６０年に（当初はフランス国内では秘密裡に）結ばれる。この条約によって英仏間では、１８８０年ごろまでほぼ自由貿易の時代が続いた。ドイツでも関税同盟が結成された後、１８６２年に、フランスとの間で自由貿易協定（普仏通商条約）が結ばれている。米国は、南北戦争のためもあって、こうしたヨーロッパの動きから取り残されたような状況が続いた。

しかし１８８０年代になると、ドイツもフランスも保護主義へと政策を切り替え始め、第一次世界大戦前まで自由貿易路線を貫いたのはイギリスとオランダだけになっていた。自由貿易の論理は、政治の場でも産業界でも、そのままの形で受け入れられることはなかったのだ。

20世紀に入ると国際的にもブロック経済化が進む。それには第一次世界大戦が大きな影響を与えた。交戦国は、戦時中の貿易遮断によって自国の産業を育成せざるをえない状況に追い込まれる。日本でも、世界大戦中に製鉄、染料などいくつかの重要産業の自給体制が進んだ。こうした事情はいずれの交戦国でも起こった。しばしば挙げられる例は、火薬の製造に必要な染料や機械工業である。

ところが戦争が終結して貿易が再開されると、先進諸国にドイツから良質で安価な鉄、機械、染料などの工業用製品が流入する。その結果、それら産業の育成段階にあった国々は、自国産業保護のための「輸入防遏《ぼうあつ》」の手段として高い関税に訴えざるをえなくなった。こうした手段は、報復関税をはじめ、輸入割り当てなどの非関税障壁を設けて、他国の製品の流入を阻止する動きを加速させた。これが保護主義連鎖のメカニズムの一つの形である。

このように振り返ると、第二次世界大戦後のGATT（関税及び貿易に関する一般協定）による「自由で多角的な貿易」という理念は、米国にとっても新しい国際経済秩序への挑戦であったといえる。近年の米国の保護主義政策への強い傾斜は格別新しい傾向ではなく、一種の先祖返り（atavism）なのである。

歴史の転換点としての1930年6月17日

これまで見てきた欧米での保護主義への持続的傾斜と、経済学が理論として説いた自由貿易の利益との間の齟齬《そご》をどう説明すればよいのだろうか。この点を理解するためには、具体的なケースを知っておく必要がある。医者ができる限り多くの症例を知ることが大事なように、社会研究においても歴史的な事例を多く学んでおくことは肝要だ。

自由貿易が貿易当事国に利益をもたらす可能性を「理論的に」説明できても、経済合理主義を理解する政治家すら、その理論に即した政策を打ち出さないことには明らかな理由がある。国内の産業間の利害対立、国際関係をはじめとした政治的要因など、純粋理論の成立を阻む様々な要因が存在するからだ。

そうした政治的経済的利害対立によって保護主義的な政策が選択された場合、どのようなことが起こるのか。その例を米国の通商政策を通して見ておきたい。理論（理性）だけが現実を規定するのではなく、感情（その典型は経済ナショナリズム）が政治と政策を動かすという現実を示す例でもあるからだ（チャールズ・P・キンドルバーガー『大不況下の世界 1929－1939』）。

1930年6月17日は「世界史における転換点」（キンドルバーガー）と呼ばれることがある。すでに不況に突入していた米国で、農産物を中心に高関税をかける「スムート＝ホーリー関税法」にフーバー大統領が署名したからである。この法律の成立は、世界各国が（報復関税を含む）高関税政策をとるゴーサインとなった。

米国の約1000人の経済学者（アーヴィン・フィッシャー、ポール・ダグラス等）や一部の実務家たち（ヘンリー・フォード、トーマス・ラモント等）はフーバー大統領に対して、この関税法に署名しないよう請願運動を展開していた。しかし大統領自身は、この法案に不賛成であったにもかかわらず、共和党内の力関係や財界からの圧力によって、経済学の論理を優先させることなく結局この関税法にサインする。サインした時点で米国経済の不況はすでに深刻化していたから、スムート＝ホーリー関税法の導入が不況の引き金になったわけではない。しかしその後の米国経済の長い不況の道を準備したことは確かだ（ちなみに、この関税法案の発起人であるスムート上院議員とホーリー下院議員は1932年の選挙で議席を失っている）。

米国の保護主義が国際経済と国際関係にもたらした困難は決定的であった。米国の保護主義的な通商政策が、カナダにおいて親米的な自由党政権から、保護主義的な保守政党への交代を招き、カナダの通商政策を報復関税中心の保護主義へと転換させたからだ。これを現代の状況に置き換えると、メキシコからの輸入品に米国が高関税をかけたために、メキシコを反米的にし、経済ナショナリズムを煽《あお》る可能性が強まるということに似ている。

レーガン政権の日本バッシングの帰結

1980年代のレーガン政権時代の米国も、通商法スーパー301条で日本を「不公正貿易国」に特定し、いわゆる「日本バッシング」を激しく浴びせかけた。しかし日本からの輸入を防遏して問題が解決したわけではない。このときも米国の著名な経済学者たち（ポール・サムエルソン、ロバート・ソロー、フランコ・モディリアーニなど）が、レーガンの保護主義的政策がいかに経済学の論理からはずれたものであるかをアピールしたにもかかわらず、保護主義は80年代の米国の通商政策の基調となった。

しかしレーガン政権下の貿易障壁を高める政策は米国の基幹産業の再生にはつながらず、米国の議会予算局の報告書（Has Trade Protection Revitalized Domestic Industries ?）も、「貿易制限は、関連産業の国際競争力の上昇という第一の目標を達成することには失敗した」としている（Congressional Budget Office, 1986）。言い換えれば、米企業の不調の主原因は、日本からの自動車等の輸入ではなかったということになる。

むしろ、米国の保護主義が米国内の消費者に与えた犠牲は大きかった。1980年代初頭にレーガン政権が輸入制限を課した日本の自動車の価格は平均16%上昇し、米国の消費者は大きな打撃を被った。鉄鋼の輸入制限が鉄鋼材を使用する「川下」産業に高コストを強い、繊維・アパレル製品の輸入制限も物価高で低所得層を困難な状況に追い込んだのだ。

　このように1980年代にも、米国は保護主義的な高関税で国内産業を保護しようとして失敗している。トランプ大統領が採った通商政策も、高い輸入関税と輸出奨励金によって貿易収支を黒字化して外貨を蓄積すれば一国の富の形成になると錯覚している。それは250年前にアダム・スミスが『国富論』で厳しく批判した重商主義政策と同じである。外貨（スミスの時代は金銀など）をため込むことが一国経済の主目的ではない。貿易を通して生産と消費を拡大することこそが、富の創造につながるのだ。重商主義的な錯覚に囚《とら》われない堅実な経済観を持つためには、自由貿易論の理解が必要である。しかしそれだけでは不十分だ。国民経済全体にとって、何が最終的に消費と生産を増大させるのかを総体的に理解しなければ、適切な政策は打てない。

　比較生産費についての明晰な理論が打ち立てられたにもかかわらず、現実の通商政策がこの理論通りに発動されない事例をいくつか見てきた。単純化された明晰な理論だけでは現実の政策を立案できない。仮にその理論が問題の中核を捉えていたとしても、その政策によって影響を受ける国内の社会的グループの間で対立が生まれれば、一国全体としては経済合理的な選択には必ずしも至らないということを、こうした歴史的事例は教えてくれる。

福澤諭吉における理論と政策

理論は社会的「文脈」の中ではじめて意味や力を持つという点に関して、日本における自由貿易か保護貿易かをめぐる論争の歴史例も挙げておこう。この論争は、「幼稚産業保護論」、あるいは「輸入代替工業化戦略か、輸出志向工業化戦略か」という発展途上国の政策選択問題と深く関わる。明治期の経済政策と通商政策にも影響力を持った福澤諭吉《ふくざわゆきち》（1835〜1901）は、「理論の絶対性」を過信することを戒めている。

幕末維新期から19世紀末に至るまでの、日本の自由貿易と保護主義をめぐる論争において福澤がとった立場は、まさに社会的「文脈」の中でその当否を論ずるという姿勢であった。彼はまず『西洋事情』では、鎖国攘夷の愚を捨て、自由貿易論に立って、海外の技術情報獲得のために門戸の開放を説いている。しかし1874（明治7）年ごろから、福澤は欧米資本主義の経済学をそのまま輸入するのではなく、自由貿易vs.保護主義の得失を論ずるようになる。そして、日本の工業化が軌道に乗り始めた日清戦争前後から、「保護関税の必要なし」との自由貿易論を福澤は展開し始める。

こうした福澤の姿勢の変化には、自由貿易の利益がどのような状況で享受できるのかについての合理的かつ慎重な思慮があったことを示している。

日本資本主義論争を振り返る

近年では、経済史を含めた歴史研究者の多くは理論構築よりも、丹念な実証研究にエネルギーを注いでいるようだ。経済学の世界でも、マクロ経済学はもちろん、ミクロ経済学でも同様な傾向が見られる。壮大な理論や抽象的な理論分析よりも、個別具体的な問題を取り上げて綿密な手法を用いて実証分析するという論文が増えている。

日本人は、歴史や社会科学において理論研究が好きだといわれてきた。日本の歴史学や社会研究を振り返ると、いわゆる「理論論争」が専門家集団を二分するようなこともあった。こうした理論論争が、必ずしも新たな知見を生み出すものではないことを示す例として、極めて要約的に「日本資本主義論争」を見ておこう。

1930年ごろから始まったこの論争は、戦後世代の経済史研究者にも大きな影響を与えた。それは日本の資本主義の特質、天皇制と明治維新の性格づけをめぐる論争であった。マルクスの歴史理論に依拠する研究者の間で戦わされたこの論争は、経済史研究者の歴史観や政治的立場を識別するシグナルのような役割を果たしながら戦後も続いた。

論争は、一部の西洋史の中で生まれた革命段階論、すなわち絶対主義革命を経てブルジョワ革命へ、そしてプロレタリア革命によって社会主義に至るという図式を日本の近代史に当てはめようとしたことから始まった。つまり、まず概念とモデルがあって、それで現実の日本の歴史を理解しようとしたのである。

明治維新を「ブルジョワ革命ではなく、天皇による絶対王政を成立させた革命」と規定した「講座派」は、明治維新の政治体制を絶対主義、日本の社会経済体制を半封建的地主制と捉え、来るべき革命としてブルジョワ革命を想定した。彼らの主な論考は『日本資本主義発達史講座』(1932〜1933)に発表された。

これに対して、1927年7月コミンテルン常任執行委員会で、「日本問題に関する決議」が採択されたのを受けて、1930年代に日本の革命の客観的条件と戦略規定をめぐり(講座派系の)日本共産党と合法無産政党は厳しく対立することになる。機関誌『労農』に寄稿していたマルクス主義(戦後の日本社会党系)の政治活動家や研究者は「労農派」と呼ばれ、明治維新を半ブルジョワ革命と規定し、来るべき革命は社会主義革命だと想定した。これの「日本資本主義論争」は講座派と労農派との間で戦わされ、戦後も30年以上、(論者たちの政治上のポジションも含めて)両派の対立は日本の社会科学に長く影響力を及ぼし続けた。

第1章で指摘したように、概念規定は、研究の到達点であって、出発点ではない。「日本資本主義論争」は、「研究の最初に設定される概念は仮説に過ぎない」という姿勢とは逆のアプローチから生まれた論争であった。

大塚史学の影響力とその意味

こうした状況の中で、西洋のモデル（模型）を十分理解しない限り、日本の経済発展を把握することは困難だと考え、西洋経済史の研究に取り組むものが現れ始める。その中で、1930年代末あたりから講座派の影響のもとでイギリス資本主義成立の研究に取り組んだのが大塚久雄《ひさお》（1907〜1996）である。大塚の（イギリス産業革命の主役であった綿工業ではなく）毛織物工業を中心に分析した研究は『欧洲経済史序説』（1938）、『近代欧洲経済史序説　上』（1944）にまとめられた。

大塚の所論の枠組みとなったのは、マルクス『資本論』（「分業と工場手工業［マニュファクチュア］」）のマニュファクチュアの起源と基本形態の議論である。マルクスはマニュファクチュアについて、乗用馬車や時計などのケースを例として極めて具体的に論じている。大塚は、このプロセスを念頭に置きつつ、産業資本の歴史的な生成を論じ、農民層の中から「中産的生産者層」が生まれ、それが両極分解して産業革命の担い手としての資本家と賃労働者となったと立論している。

確かにマルクスは『資本論』第三巻第四篇第二十章「商人資本に関する歴史的考察」で、「商人資本の発展は、それだけでは、（中略）ある生産様式から他の生産様式への移行を媒介し説明するのには不十分である」と指摘している。大塚が、マルクスの図式を下地にしながらそれを明確に示さなかったのは、マルクスが「禁書」同然の扱いを受けた１９３０年代という時代の制約があったためであろう。

大塚は、戦後も「資本主義社会の形成」（１９５１）で、農村の解体から始まる「局地的市場圏」→「地域的市場圏」→「国民経済」（国内市場）という転換の順序で近代的市場は成立したと論じている。封建領主の支配下にあった農民たちが、農業のほかに手工業生産を開始し、自己消費以上の余剰生産物を生み出し、隣人たちに販売し始めた。ここに「商品」が「貨幣」に転換する契機が生まれ、それが蓄積されて「資本」となったという図式が示される。

大塚史学の特徴はどこにあったのか。一つは、その論理構造の明晰さと分かりやすい「類型論」にある。大塚久雄の経済史学は経済史を超えて、社会科学一般、あるいは社会科学方法論、日本の近代化論にも強い影響を及ぼした。

この種の図式や理論をめぐる論争が無意味なものであったとは言えない。国家（木）を越えた地球的規模（森）の歴史変動に注目する近年の「グローバル・ヒストリー」論がややもすれば見逃しがちな、「国家」と「主体」の問題を問うている点は重要だ。「グローバル・ヒストリー」は、国際経済社会の解剖学・生理学としては有益だ。しかし日本資本主義論争や大塚史学は「一国資本主義論」「一国経済史」の重要性を再認識させてくれる。

こうした問題意識は、東洋と西洋、封建制と近代性、日本の近代化の絶対的な遅れ等の議論として、戦後かなり長い期間、学界や論壇で力を持った。ただ学ぶべき点は、先進的な発展を遂げた（理想化された）イギリスは正常であり、そのほかの国は近代化が遅れた特殊な国だという視点だけから資本主義の栄枯盛衰が論じられないということ、そして極端な理論化は、権威を生み出しやすく、自由で健全な懐疑主義（healthy skepticism）が育ちにくくなるということであろう。

演繹論理のみに頼る危うさ

日本の人文学や社会科学と呼ばれる分野には、理論を崇拝し、折衷《せっちゅう》主義（syncretism）を嫌う者が少なくない。こうした風土は、概して演繹論理を重視し、さらには既存の概念や理論で何事をも解釈し、解釈できない部分についてはこれを無視するか、「現実の方が間違っている」という態度を生むことがある。こうした演繹論理の偏重はすでに述べたように、ドグマと「教祖」を生み出しやすい。

そもそも人間自体は、考えにおいても行動においても混合的・折衷的であり、二律背反的なところがある。概念や言語、あるいは理論モデル（模型）は、現実をある側面から大胆に切り取っているため、論理的な首尾一貫性を保持しているに過ぎない。にもかかわらず、こうした概念化され模型化された人間像を、そのまま現実の理解や社会運動の目標の中に持ち込んでしまうことがある。演繹論理の偏重や徹底は自由な発想を妨げることがある。「徹底する」精神は個人の思考や行動に限れば尊いものを生み出すかもしれない。しかし社会全体に関しては、極端や徹底は必ず他者への強制につながる。理論を徹底させて現実と混同すると、自由を奪うような思想へと変貌しやすい。その意味では、中庸を射抜くことは必要であり、思想や政治的選択において妥協点を見つけることを軽視してはならない。

社会研究における理論は、先に取り上げたリカードの理論が示すように、現実を単純化することによって生まれる。したがって理論のみを崇拝することは、その単純化された世界に自らを閉じ込めることを意味する。確かに現実を認識するためには、すでに述べたように概念や理論に依拠することが多い。現実を見るとき、われわれは意識しなくても概念や理論で仮説をテストしているともいえよう。だが現実を理解するためには、こうした理論の世界からもう一度現実の生きた人間社会へと戻らなければならない。このステップを不純なもの、妥協的だとして拒絶するのは、単なる「夢想家」との誹《そし》りを免れない。

演繹論理好きや極端に走りやすい傾向に関して、面白い発言がある。イギリスの歴史家アラン・テイラー（1906〜1990）は、「ヨーロッパの支配か完全な破滅かのいずれかの道をドイツが歩むようになった原因はどこにあるのか」を問うて『近代ドイツの辿った道』

を著した。同書の冒頭で、テイラーは次のように述べている。

「ドイツ人の歴史は極端の歴史である。中庸以外のあらゆるものが含まれている。そして、一〇〇〇年の歴史の歩みの中でドイツ人は正常さ以外のあらゆるものを経験してきた。彼らはヨーロッパを支配した。そして彼らは他の人々による支配の無力な犠牲者でもあった。彼らはヨーロッパで比類のない自由を享受した。そして彼らは、同じように比類のない専制政治の犠牲にもなった。彼らは最も超越的な哲学者達、最も宗教的な音楽家達、そして、最も冷酷、破廉恥な政治家達を生みだした。（中略）彼らの歴史の中に「中道主義」、「常識」――フランスと英国の特色を示してきたこの二つの性質――を探しても無駄である。ドイツの歴史の中では正常なものは何一つなく、極端な揺れ動きだけがある」

よくもこれほど他国の特徴を意地悪く、そして率直かつ巧みに要約できたものだと思う。ヒトラーだけを悪者に仕立てて、第二次世界大戦の起源を説明する史観を批判したテイラーだからこそ、これほどはっきりと言いえたのであろう。この引用の中の「中道主義」と「常識」の欠如のあたりは、われわれ日本人にも少し耳が痛いところがある。なぜなら、演繹論理に酔うことから極端や非常識は生まれる場合があるからだ。

3　多くの学問は比較に始まる

比較経済史と地域研究の重要性

経済社会を研究するとき、われわれがほとんど無意識に受け入れている「素朴な歴史観」「演繹論理のみで理解しようとする姿勢」を反省するためには、それぞれの国や地域の経済発展の形態を比較することが重要になる。歴史には法則があるのか、あるとしても、その法則がどの程度普遍的なものか、一般性を持ちうるものなのかを熟慮しなければならない。

欧米でも日本でも経済発展の一般法則は盛んに論じられたテーマであった。ハーバート・スペンサー（１８２０〜１９０３）をはじめとする社会進化論を奉ずる人々の、生物体と同じように社会自体も進化し、進歩していくという（evolution〔展開〕を progress〔進歩〕と読み替える）理論が強い関心を集めた時期があった。人類史に普遍的に適用できるような理論が、すべての社会の変化や動きを説明できると信じられたのだ。

各国史や地域研究が深まると、このような素朴な進歩史観と発展段階説に対する様々な「反例（counter-example）」が報告され始める。例えば日本にも封建制は存在した。では日本の封建制と地中海縁辺で発展していった西洋型の封建制にはどの程度の類似性と差異があるのだろうか。実は、この「同じ」ではなく「類似性がある」というのが重要ポイントとなる。全く違う社会であれば、比較しても、違いだけを浮き彫りにすることで話は終わってしまう。「類似性がある」という場合、似ているからこそ、逆に違いが問題になる。似ているところから違い（同じでない点）を論じるという方法を可能にするのが、各国史と地域研究なのである。社会進化論や経済発展の段階説をフレームワークとして疑ってみてはじめて、では本当のところはどうなのかという問いが生まれる。理論は与えられているわけだから、それを参照基準として、そこからの逸脱を探究（explore）することにより、社会経済における構造の比較が学問の重要な推進力になる。

このように考えると、地域研究が社会科学にもたらした貢献がこれまで十分に評価されてこなかったのではないかという反省も生まれる。世界はすべてイギリスが示してきたような経済発展のパターンを（遅れて）示すとは限らないのだ。

例えば、発展途上国の経済には、明示的な法律やルール通りに動かず、市場メカニズムの底辺によどんでしまった「インフォーマル・セクター（informal economy）」があると指摘されてきた。このインフォーマル・セクターは、元来途上国の経済発展の中で論じられてきた概念であった。それが今では先進国で類似の経済領域が消えることなく存在し続けることが問題とされるようになった。先進国が経験した経路を、途上国の経済が常になぞるように追いかけていくのではなく、途上国について「インフォーマル・セクター」という概念が先に生まれ、後で先進国にも類似の現象が確認され、それが問題として取り上げられるようになったのである（特に雇用に関するＩＬＯ〔国際労働機関〕の報告書 ***Women and Men in the Informal Economy: A Statistical Picture*** が興味深い様々な事実を指摘している〔ILO, 2018〕）。

今や、かつては発展途上国と呼ばれる国々に固有だと思われてきた現象が、実は、先進国において消え去るのではなく、少し形を変えながらも存在し続け、時には肥大化していることが問題となるようになった。その形が全く同じではないことには様々な理由があろう。経済発展のスピードの差がうわべの違いを強調しているのかもしれない。

イギリスが「産業革命」と呼ばれる工業化によって、18世紀後半から１８３０年代あたりまでの約60年間になし遂げた「一人当たり所得の倍増」を、後発の国々ははるかに短期間で達成している。例えば20世紀の初頭では後発の国であった日本は、同じ「産業革命後の所得の倍増」をだいたい35年間ぐらいで達成した。第二次大戦後の中国や韓国の場合には、それが10年ぐらいの速さになっている。現在、多くの東南アジア諸国は中韓以上に猛烈なスピードで豊かな中所得国へと成長している。経済的な豊かさにしても生産技術の進歩にしても、変化が起こるタイム・スパンが極端に短くなった。こうした急激な変化の中で、社会全体がどのような変貌を遂げていくかには多くの要因が影響しているため、発展段階説やマルクス主義の理論だけでは説明がつかない。

比較によって対象を相対化する

経済社会の変化に関する一般性と特殊性の問題と向き合うと、そもそも、われわれは「他者」や「他国」を、どのようにして理解できるのかという問いに向き合わざるをえなくなる。他者や他国を独立の実体（entity）として把握し理解することには困難がつきまとう。そこで有効な手法として持ち出されるのが「比較」という方法なのだ。

比較の基準をどう選ぶのかは確かに難しい。できる限り条件を揃えた上で、関心となるポイントを比較できる指標を見つけ出すステップが必要となる。筆者は、フランスの労働社会学者M・モーリス（1924～2011）たちと行った日仏企業の比較研究、あるいは小池和男（1932～2019）をリーダーとして取り組んだ日本と東南アジアの人材育成の比較研究において、業種、製品、技術、企業規模などをコントロールした（揃えた）上で、それぞれの国の企業の雇用慣行、人材育成の方式の差異と類似性を探究する作業を行い、比較することの重要さと難しさを実感した。

社会研究は、比較の対象を設定せず、ひとつの対象だけを見ることによって多くの命題を打ち立てようとすることが多い。この手法は、先に触れた「ひとつの例がすべてを顕示している」と言えるような洞察力を持った者でない限り、リスクがあまりにも大きい。むしろ比較することによって差異と類似性を議論する方が、対象を相対化し、多くの知見を引き出す有効な手段となりうる。

比較の具体的な方法は分野によって様々であろう。比較研究からどれだけ多くのことが言えるのかは、観察の仕方や、資料やデータの集め方、あるいはいかに多様な方法を用いるかに依存する。統計的な手法が必要なときがあれば聴き取り調査が不可欠のときもある。いずれの方法を採るにしても、社会研究は、研究者と研究対象の関係が、自然科学には見られない複雑な構造を持っていることを意識すべきであろう。

自然科学と社会科学の相違点についてはすでに述べたが、いまひとつの相違点は、研究する主体と対象との関係にある。自然科学では、研究者が研究対象を直接認識する。ところが、社会科学(経済学ももちろんそのひとつであるが)で取り扱う対象、すなわち「社会生活を営む人間」は、彼自身、現実を感じ取り認識して行動する主体である。社会科学では、その主体を、さらに社会研究者として認識するという「認識の二重構造」を含み持つ。社会の中で人々は、自分の感じ取った現実を様々な感情とともに認識しているが、本人がどう感じているのかを研究する者はそれを「客観的な」データで観測することはできない。

こうした二重構造と、「観察する者」と「される者」との相互作用の問題は、社会研究において事実と認識についての深刻な弱点になっていることは否めない。いずれにせよ、社会研究は「認識の二重構造」と相互作用という問題にしばられており、その中から仮説と想像力の助けを借りて「事実らしきもの」を確定していかなければならない。こうした不確かさと偏りをできる限り回避するために、同一の対象（例えば国、地域）を長い歴史の中で比較の視点から見ること、あるいは少なくとも複数の社会なり国を横切る形の比較が重要かつ必要となる。

さらに厄介なのは、研究者の観察や認識が、対象となっている人々の認識と行動を変えてしまう可能性があることだ（相互作用）。例えば（それが正確なものであれ、誤っているものであれ）所得格差が拡大したとの研究者の判断が、人々の不平等感を助長し社会的な緊張感を高めることもありうる（また、「較差」ではなく「格差」という字が充てられているのも、単なる相互の差ではなく、そこに格や級の違いという判断が紛れ込んでいることを感じさせる）。

改めて理論の役割を考える――その否定的な使用

実際、歴史は理論が示す通りには動いていないという点に関連して、イギリスの理論経済学者で、晩年に名著『経済史の理論』（*A Theory of Economic History*）を著したジョン・ヒックス（1904～1989）が重要な指摘をしている（Hicks, 1969）。

『経済史の理論』は、ヒックス自身がこれまで取り組んできた経済学の中の一般性を持つ概念を、歴史事象を理解するためにどの程度適用できるかを試した作品だといえる。具体的には資本主義の勃興に先立つ市場経済に注目して、慣習（custom）や指令（command）によって動く非市場組織から、いかにして「市場」が組織として形成され、それがいかに非市場組織に浸潤していったのかを分析する。その中で、彼が重視するのは商人の経済行動であることは言うまでもない。

元来市場は、商品（財貨）の交換や金融をその主要分野としてきた。同書は、市場交換の対象が農業や労働の分野へと拡張される過程で生まれた諸問題に注目するところに特徴がある。ヒックスの問題意識の一つに、社会主義や途上国の経済開発の問題があったことは処々で読み取れる。

ヒックスの『経済史の理論』とマルクスの『資本論』における視点、方法論、新たな知見に関する類似点と相違点を考えることは興味深い問題であるが、ここでは彼が「理論」とは何かについて触れている箇所に注目するにとどめたい。

同書の第四章「都市国家と植民地」の冒頭で、彼は次のように述べている。

「そのようなモデルを用いるとき、われわれはそれが個々の歴史的事象の中において実際に起こっていること、ないし起こったことを叙述しているとは考えないわけである。それは

「代表的な」場合であって、個別的な事柄はそれぞれの理由のために、それからは乖離していると考えられねばならない。しかし、モデルからの乖離が見出されると、モデルによってわれわれは「何故」という疑問を発するように仕向けられる。もしよいモデルであるならば、「何故」という疑問は（常にではないにしても）興味ある問いとなろう」

理論が個別具体的な事実をそのまま説明していると考えるのはあまりにも単純だ。ある現象を解釈するときには、概念なりモデルは必要だが、そのモデルと現実が完全には合致していないからこそ、はじめて「なぜ」という真っ当な問いが生まれる。なぜモデル通りに社会の変動や歴史の動きを説明できないのかと問うことが意味を持つのだ。

経済理論をそのまま経済政策に当てはめようとすることの問題はここにある。理論ではこうだけれども、そうなっていないのはなぜか、という「理論の否定的使用」にこそ理論の意味がある。例えば、すでに触れたように、貿易において、どのような技術的・資源的な優位性を持った財が、どちらの方向に流れるかを説明する「ヘクシャー＝オリーンの定理」を考えてみる。実際には、その理論通りの貿易財の流れが観察されるわけではない。その点に注目して、経済学者ワシリー・レオンチェフ（1906〜1999）が、なぜヘクシャー＝オリーンの定理通りに貿易財の流れが決まらないのか（レオンチェフ・パラドックス）という問題を提起して経済学をさらに進展させたのだ。

プロスペクト理論は思考の枠を広げてくれた、しかし……

政治や経済の研究者が、国の政策担当者から意見を求められ賛同を得ても、その考えが政策として必ずしも真剣に検討されるわけではない。正確な情報に基づく正論であったとしても、それが政策として適切だと判断されて選ばれるとは限らない。つまり、正確な情報を持てば必ず適切な判断が下せるというわけではないのだ。それはなぜか。それを説明する理論として近年「プロスペクト理論」が注目されているので、本章の終わりに、その理論の意味と限界について記しておきたい。

ここ半世紀の心理学の大きな成果といわれる「プロスペクト理論」は、人間の思考というものが持つ体系的なバイアス（偏り）を明らかにした。われわれは人や物事を判断するとき、自分の先入観に適合するか否かで評価することが多い。都合のよい例を取り出して、「前がこうだったから、今度もこうなる」と考えてしまうバイアスだ。

思考のこの体系的バイアスは、ダニエル・カーネマン（１９３４～）とエイモス・トベルスキー（１９３７～１９９６）という二人の心理学者が１９７０年代終わりに指摘したものだ（Lewis, 2017）。その中心的な命題の一つは、「一旦手にしているものを失うことの心理的苦痛は、それを持っていなかったときの苦痛を上回る」というものだ（このバイアスについては260年前、アダム・スミスが『道徳感情論』で、「われわれが所有しているものを剥奪《はくだつ》されることは、われわれが期待をもっているにすぎないものについて失望させられるよりも、大きな害悪である」〔第2部第2編第2章〕、とすでに論じているので、格別新しい指摘ではないとも言える)。

簡単な例として次のようなものがある。「確実に5万円もらうか、5割の確率で10万円もらうか、どちらをとるか」と尋ねると、人は確実に5万円をもらう方を選ぶ。しかしその同じ人に「確実に5万円失うか、5割の確率で10万円を失うか」を選ばせると、5割の確率の方に賭けるという。つまり得をする選択については確実なものを選び、もともとどちらも損をするような内容の選択には、失うものの期待値は同じでも、人はギャンブルに打って出る傾向があるのだ。

この、一旦手にしたものを失うことに対して「賭けに打って出る」という心理的バイアスが日米開戦の引き金になったという見方について、牧野邦昭《まきのくにあき》『経済学者たちの日米開戦』に興味深い分析が示されている。実際、確率計算や統計データに基づかない、大雑把な経験主義による思考は、歴史的にも多くの開戦への決断を促したと考えられる。1950年6月25日、金日成《キムイルソン》の南進に始まった朝鮮戦争で、中国の毛沢東《もうたくとう》はいかなる動機で参戦の意思決定をしたのかという点も謎を含んでいた。中華人民共和国の建国宣言からわずか9か月しか経たない段階で、まだ国家としての統合性も軍事力も決して十分ではないときに、なぜ毛沢東は朝鮮戦争に参戦したのか。

政治学や歴史の研究者からはいくつかの仮説が提示されている。「プロスペクト理論」も適用可能なようだ。米国は、金日成が南進したのは中・朝・ソの共謀であると見て、第7艦隊を台湾海峡へ派遣した。それに対して、毛沢東は、米国がその勢いで中国大陸に侵攻することを恐れたのではないか。つまり、中国が何もしないうちに北朝鮮で米国側が勝利すれば、中国の安全保障が危機に瀕すると毛沢東は判断したと考えられる。日米開戦時の日本陸軍と同様に、北朝鮮へ軍事力を投入するという低い成功確率の方に賭けたと見るのだ。

しかしこうした理論だけで歴史を語れるわけではない。中国は中ソ同盟をベースとしつつ国際共産主義の堅固な砦を守り、同時に建国後間もない中華人民共和国の政権を強固にしようとして参戦したという推論もある。あるいは毛沢東は、本気で米軍と国連軍を圧倒できると考えていたかもしれない。

歴史から何を学ぶのかは難しい。朝鮮戦争での米国側の軍事力の行使が、朝鮮半島全体の完全な共産化を防いだという自信を米国に与えたことは確かであろう。その自信がヴェトナム戦争での北爆へとつながったことは専門家の指摘するところだ。歴史上の似た例を持ち出すと、説得力が増す場合がある。しかしそれは危険な説得材料にもなりうる。

歴史には似たことは起こりえても、「全く同じ事象」は起こらない。歴史を学ぶのは、過去の経緯を知ることなしに現在を理解することはできないという単純な理由からだけではない。むしろ、歴史を学び、似たケースの中に伏在する事柄をよく理解することによって、そこから智恵や勇気、反省、時には諦観などを引き出しうると考えるからだ。

歴史は法則に従って進歩するものでも、完全に予測可能なものでもない。われわれには努力し選択の余地を広げる自由が与えられており、世の中の事象はすでに決められた（pre-determined）経路に乗って進んでいるわけではない。また、文明が絶えず進歩し、人類が野蛮から確実に脱却しているわけでもない。

歴史や社会を理解する上で、単一の理論に拘泥することは間違いを生みやすい。進歩を阻む原因の一つが、「プロスペクト理論」が明らかにした人間の思考のバイアスであるとしても、この理論を学べば戦争を回避できる具体策が説得力を増すわけでもない。十分に資料や統計データを用いて似たケースを分析し、「プロスペクト理論」が示唆する人間の思考のバイアスに留意しつつ、戦略や政策を打ち出すというのが人間のなしうる最善の対応と考えるしかないようだ。

第3章　因果推論との向き合い方

1　結果には原因があるという思考法の歴史

原因と結果の相互性――福澤諭吉の場合

経済理論と経済政策は区別しなければならない。理論が示す「原因と結果」という因果推論に、われわれの考えは容易に囚われてしまう。その理論を根拠に政策を提言して実行する場合、根底にある考え方は「こうすれば、こうなるはずだ」「このようなことが起こっているのは、これこれしかじかの原因のためだ、だからこの政策を打たねばならない」という信念である。この点を少し立ち止まって考えてみたい。

「ある社会現象には一つないしはいくつかの原因が存在するから、その原因に対して手を打つ必要がある」という思考形式は無条件に受け入れられるものなのだろうか。こうした因果推論の発想が必要かつ有用な場合はあるものの、原因の特定と推論には思わぬ落とし穴があるかもしれない。また、ある現象に原因が存在するか否かという問題と、存在したとしてもある特定の原因に帰すことができるのかという問題は区別しなければならない。

AがBという結果を生むが、A以外の原因もBを生み出すかもしれない。さらにBという原因が逆にAに影響を及ぼしているかもしれない（逆の因果性：reverse causality）。因果の推論に関して慎重な論者は、注意深くその作用の方向を様々な実験や方法でチェックする。

「逆の因果性」を論じた古典的な例としては、福澤諭吉の教育と貧困に関する議論がある。福澤は、貧困と教育の問題について、その因果の双方向性を認め、決して一方向だけを主張しなかった。（1）『学問のすゝめ』では、教育の重要性を説き、無智が貧困の原因だと指摘する。（2）その後、商工業の発展によって貧富の差が大きくなり始めると、貧困が無智の原因となり、人力をもってにわかには如何ともしがたい、と論ずる（『時事新報』明治17年10月24日～30日の巻頭社説）。（3）さらに貧困を放置するような政策を批判して、西洋の通俗経済書は「富者に媚を献ずる者」とまで言い放つ（『時事新報』明治24年4月27日～5月21日の巻頭社説）。

もちろん、福澤は矛盾したことを述べたわけではない。問題の視点をどこに置くかによって、因果関係の方向を区別して政策を考えているのだ。理論に合わないからといって、「現実の方が間違っている」として、現実を安易な因果の理論に合わせるような解決手段に訴えることはなかった。

プロクルーステースの寝台?

原因と結果の関係を安易に捉えて、現実を無理やり理論に合わせようとする倒錯《とうさく》は、「プロクルーステース（Procrustes）の寝台」に譬えられる。プロクルーステースは、ギリシャ神話に登場する盗賊である。旅人を騙《だま》し拉致して鉄の寝台に寝かせ、もし相手の体が寝台より長ければはみ出した部分を切断、短ければ身体を引き延ばした。この話は、無理やり、ものごとを杓子《しゃくし》定規に力ずくで合わせることを意味する言葉として使われるようになった。社会問題を理論化する際に陥りやすい誤りである。例を挙げておこう。

経済学には、市場は参加者の数が多いほど競争が激しくなり、「完全競争」が効率性を保証するという基本命題がある。しかし決して「あらゆる財とサービスが多数の生産者によって生産されるべきである」とか、「同一のコストで、ある財を生産する多数の生産者が常に存在しなければならない」という規範的な結論を意味しない。実際には、ある種の財の生産単位には、コスト面から見て最適の規模が存在するだけではなく、特定の企業だけが利用することのできる技術や立地条件、伝統（集積された知識）のようなものがあり、極端な場合には、生産コストをカバーしうるような価格でその財を販売できる企業は一つしかないというケースもありうる。

こうした場合、その企業は新たな参入者が市場に現れないギリギリの水準まで価格を高く保つことが可能になる。したがって完全競争という理論的条件が満たされていないからといって、市場の非効率性を求めてその企業を分割することは「プロクルーステースの寝台」のような政策となる。ほとんどの産業は、そういった意味での理論上の完全競争の条件を満たしえないのであり、すべての市場は本質的に「不完全」なのが現実であろう。重要なのはルールに従った自由な競争であって、参加者の数ではない。無数の参加者がいる市場よりも、参加者の数が少ない寡占状態における競争の方が激しいことも珍しくない。現実の競争の利点や有効性は「数が多い」という点に求められるべきではない。それゆえこうした現実を完全競争の理論的前提に近づけようとするのは、「プロクルーステースの寝台」にも等しい考え方となる。

複雑さを受け入れる

これと似た推論、あるいは誤った推論は、現代の社会問題を論ずるときに、何が原因で何が結果かを説明する場合にも起こる。例えば、病になると貧困に陥る、という面に注目するのか、貧困だから病にかかりやすいと考えるのか、双方向の因果の鎖が存在するから、それぞれの方向の因果の鎖へのさらなる考察が求められる。

テレビやゲームの暴力的な映像を多くの時間見ている子供は暴力的である、という主張はどうだろうか。この論の因果関係も簡単に確定することはできない。暴力的なシーンを見たことが子供を暴力に走らせるのか、暴力をふるいたがる子供が特にそういう映像を見たがるのかは、データを大量に集めるだけでは（ビッグデータ！）、結論は出ない。

こうした因果の方向性の判別が困難な事象間の関係を、「想像以上に複雑な問題である」として引き受けることは重要だ。特にある現象の発現を単一の原因に帰するような、「過度の単純化」には警戒しなければならない。この点は社会研究において極めて重要な問題であるから、いくつかの側面を検討しておきたい。

そもそも原因、結果という概念と発想は必ずしも当たり前のものではなく、古来、認識に関わる論究の重要テーマの一つであった。一般に原因は、何かを発生させる何ものかであり、その何ものかによって発生したものが、結果とみなされる。しかし何かが生み出されるのには様々なレベルの現象がある。「蛾が、その前に存在した毛虫から生まれる」ように、内的に埋め込まれた可能性によって別の新しい実体が発生したのか、あるいは「青葉が、秋になると赤くなる」ように、単に木の葉という実体が（気温などの外的な条件によって）変化しただけであるのか。原因・結果という関係は、厳密に考えると、われわれが常識で理解している以上に複雑な問題を含んでいる。

その論点を知るために、原因、結果という思考法の歴史を簡単に振り返っておきたい。当たり前だと思っていることを再考するのは面倒なことだが、頭から既成の考え（思い込み）を取り除いて、改めて考え直すことも必要だろう。本章では、哲学上の原因・結果の考え方を概念的に整理するのではなく、経済政策や政治上の判断に関して原因と結果を考える際に、いかなる点に留意すべきかを述べるにとどめたい。

ヒポクラテスの考えた因果の論理

経済政策における因果関係の分析には、医学における治療と薬剤の効果をどう確定するかという問題と似たところがある。なぜこの病に罹《かか》ったのか。この病の原因は何か。原因はあるにしても、それは特定の一つの原因なのか。あるいは複数の要素が重なっているのか。この病にこの薬は効くのか、この薬は別の効果を生み出しているのではないか、ある治療や処方にはいかなる効能があるのかといった問題は考えるほど単純ではなさそうだ。言い換えれば、冒頭で述べたように、原因があるか否かという問題と、ある現象なり結果を特定の原因に帰すことができるのかという問題は区別されるべきなのだ。

その意味で、経済政策の効果を判定するときに、医師や医学・薬学研究者たちの因果関係の論じ方から学ぶべき点は多い。古代ギリシャ（エーゲ海のコス）で医療を行っていた医師、ヒポクラテス（前460？～前370？）は医師の倫理規範（いわゆる「ヒポクラテスの誓い」）をはじめて確立したことで知られるが、投薬や手術などの医療行為と快癒との因果関係を探究しつつ、「経験科学としての医学」の道を切り拓《ひら》いた医師でもあった。彼の考え方は現代の政治や経済を考える上で今も大いに参考になる。

歴史的に見ると、どの社会でも医術と呪術の間には分かちがたい関係があった。日本でもお祓《はら》いや加持祈禱を医療からはっきり締め出す方針が公式に「医制」（医療制度や衛生行政に関する各種規定を定めた日本の法令）として発表されたのは、明治に入ってからである（1874年）。それほどに、医術と呪術は混じり合いながら社会生活の中に浸透していたのである。ヒポクラテスは、医術を呪術から切り離すために、多くの症例を蓄積して、経験的なデータから治療と快癒との因果関係を探究した。

まずヒポクラテスが書いたとされる論考「神聖病について」と「技術について」（『古い医術について』所収）を一部振り返っておこう（ここでいう「神聖病」とは「てんかん」のことである）。注意を要するのは、彼は神業に対する祈りと、呪術的お祓いとを区別しており、神への祈りを否定しない。どの病も「神業であり、どれもが人間的である。各々が自分自身にもとづく自然と作用とをもっている、そしてどれ一つとしてわれわれはこれを扱う方法と処置に困窮するものではない。ほとんどのものがその因っておこる原因と同じものによって治癒できる」としている（「神聖病について」第二十一節）。

次いで彼は「技術」について含蓄《がんちく》に富む指摘をしている。彼の論敵が、医者にかからないで回復した人間が多くいることを例に挙げるのに対して、次のように反論する。確かに医者にかからなくても偶然医術的に成功することはありうる。それはもし医者にかかったとしても受けたであろうと同様の自家治療を偶然に用いたからである。そして「失敗といえども成功に劣らず医術が存在するという証拠である。有効であったのはその適用が正しかったためであり、有害であったのはその適用が正しくなかったためである」と、実に慎重に自らの見解を述べている（「技術について」第五節）。つまり、技術そのものには、正しい、誤っているとの判断が介入する余地はなく、用いられ方次第だと指摘するのだ。

そしてヒポクラテスは「ひとりでに」と「何かによって」の違いを次のように要約し、「何かによって」を重視するよう促す。この点は、後述するように、（ヒュームが区別した）「絶対的知識」ではなく「蓋然的知識」を扱う社会研究においては特に留意すべきであろう。「優秀な医師たちにおいても医術そのものにおいても、無用なものはないのであって、たいていの植物や製品には治療や鎮痛（もしくは鎮静）用の物質が含まれているのだから、医者にかからずに健康を回復した人々が《ひとりでに》の原因で癒《なお》ったという理屈はあり得ないのである。（中略）すべて生ずるものは《何かによって》生ずることが見いだされるのである、そして《何かによって》においては《ひとりでに》は何らの存在をもたず、名をもつだけであることが明らかである。ところが医術は《何かによって》および《経過の予見》において存在を有することが今も明らかであるし、将来も明らかであるであろう」（「技術について」第六節）

ヒポクラテスが論じた問題を経済政策や国際関係の予測の問題に重ねて考えると、参考になる点は多い。経済学で財政政策や金融政策の有効性を論ずるとき、結果に影響を与える多くの要因が存在するため、そのうちのどれが効いているのか、効かないのか、結果全体から判別することは極めて難しい。しかし《何かによって》結果が生まれていることは否定できないのである。「ひとりでに」とみなされるケースもあろう。顕在する要因だけでなく、陰伏している要因があることを自覚し、その潜伏的な要素の影響力を探究することを怠ってはならない。

アリストテレスからヒューム、カントへ

因果性（causality）を人々はどのように捉えてきたのかという哲学史的な問題を振り返る場合、3人の重要な人物、すなわちアリストテレス、そしてヒュームとカントの考え方に注目したい。先に述べたように「原因と結果」という考え方は、思考形式としては必ずしも自明のものではない。すべての論者が、その知識の確実性の程度如何にかかわらず、すべての学問分野における問題の前提として因果律を受け入れてきたわけではない。

アリストテレスは、あらゆる事物は、その本性からして、本来決められた目標に向かって変化すると考えた。目的論的な事物の把握である。そして変化の原因は必ずあると考える。その説明は彼の『自然学』や『形而上学』で詳しく展開されている。その内容を、厳密さを失うことなしに要約することは難しいが、大まかに言えば次のようになろうか。変化を受けるものはすべて何ものかによってそうさせられる。つまり変化には原因が必要である。変化するものはそのようになる可能性と能力を持っている。そして変化は、変化するものからは区別された「あるもの」がもたらす。

さらにアリストテレスは次のように論ずる。同じ変化には同じ原因が必要なこと。原因と結果は表に現れるか、隠れて見えないという形で存在する。「因果現象」は規則的に起こる。具体的な現象を観察し、観察結果から帰納的に推論して一般的な命題に到達する。彼がここ

で「帰納法」を明示的に示してはないが、推論のひとつの方法だとしていることは確かだ。この規則性が、完全なものではないにしても、偶然に起こる規則性だとは考えない。ここにアリストテレスが因果現象に普遍性を与える根拠がある。

西洋思想史の中で主流をなしたアリストテレス的な因果律に疑義を呈したのはディヴィッド・ヒューム（1711〜1776）であった。因果性を信じる根拠を心理学的に解明しようとしたところに、ヒュームの議論の独創性がある。彼の主著の一つ『人性論』の正式なタイトルは、A Treatise of Human Nature, Being an Attempt to Introduce the Experimental Method of Reasoning into Moral Subjects（「実験的論究方法を精神上の主題に導入する一つの企てである、人性論」）である。この長い表題は、訳者大槻春彦《おおつきはるひこ》が注記しているように、ガリレオやニュートンの近代的自然探究の精神で人間を解明するという彼の意図を表すものであった。「実験的」という言葉がそれを端的に示している。

ヒュームはまず人間の知識を絶対的知識（knowledge）と蓋然的知識（probability）に分ける。前者は、絶対確実な普遍妥当的知識を指し、後者は経験に依存しており絶対確実な普遍妥当性を持たない知識と考える。後者、つまり蓋然的知識は経験に依存するため、原因・結果は経験の告げる関係になる。そこから、原因・結果という思考は、抽象的推論あるいは省察の告げるものではないという彼の考えが生まれる。彼は完全な正確さと確実性とを保存できる学としては、わずかに代数学と算数学を挙げるのみで、幾何学ですら完全な誤りのない学とみなすことはできないとしている（『人性論』第一篇「知性に就いて」第三部第一節）。いわんや社会研究においておや、であろう。

蓋然的知識に関する因果的連関という観念は、ヒュームによると、習慣（custom）によって形成されたものであって、それ以外には基礎を見いだしえないということになる。原因とは、単にほかのある事象に近接して先行しているもののことであり、後者に先行して近接している関係にあるもののことだと考える。われわれが経験するのは出来事が規則的に連続していることだけであって、この経験の繰り返しが、「反省の印象」とヒュームが呼ぶ感覚上の期待を生み出しているに過ぎない。この考えに立てば、習慣上形成される感覚上の期待は、観察者の心に生まれるものであるから、ヒュームの因果性の理解は、「信念（conviction）」という心理学的な説明になる。新しい推理や推論を全く欠いて、単に過去の反復から生ずるすべてのものが「習慣」であり、一切の信念はこの「習慣」という起源に由来する。

ヒュームの因果律についての立論は、学問研究のすべての分野を念頭に置いたものではなく、蓋然的知識に関する論である。その区別に留意しないと、あらゆるレベルの物事の因果性に対する否定的態度を生み出しかねない。彼の論は、自然科学に適用できるのであろうか。この点で、イマヌエル・カント（1724〜1804）はヒュームの学説を、自分の「独断のまどろみを破った」と評価しつつも、自然科学（特に物理的現象）における因果性の推論を護ったといえよう（『純粋理性批判』の「経験の第二類推」参照）。

カントは、自然科学に関してはニュートンが打ち立てたような普遍的法則が存在すると信じていた。カントは人間の認識を批判的に吟味した結果、人間の感覚が実体的、因果的に統一性を持つように働く、つまり人間が必ず因果的な形で経験を理解するという心の構造と機能を持っていることを重視した。その限りにおいて、因果性は、経験のすべての領域に成立しうる客観的な妥当性があるとみなした。「真の」因果関係があるかないかにかかわらず、人間が因果的な形で物事や経験を理解する限り、自然を対象とする探究において因果関係による理解は客観的妥当性を持つと考えたのである。

認識をめぐる少し抽象的な難しい話になった。しかし因果推論（causal reasoning）を反省的に考えておくことは、数学、自然科学、社会科学における認識や知識の性格の違いを自覚しておくためにも重要なので、あえて考え方と論争点を要約しながら解説してみた。

2　因果関係にまつわる困難

ルビンの壺に見る認識の特質

これまで述べてきたような、学問における認識の性格の相違にとどまらず、そもそも人間の物事の理解や納得の仕方自体に、因果的な説明を求める本源的な性向があることは否めない。人間には「なぜ？」と問う性癖があり、この「なぜ？」に対して、「なぜなら」「そのわけは」と答える形の言説をわれわれは求めるのだ。2歳児や3歳児と話をした人は、「どうして？」という問いを連発されて困った記憶があるはずだ。

この「どうして」「なぜ」という問いは、ひとつの個別事象に対して発せられることもあれば、一群の事象の連なりに向けられることもある。時間的経過を含む事象でも、「酔った武士が落馬で半身不随になったのはなぜか」というような個別事象に関する問いは前者の例であり、「太平洋戦争はなぜ起こったのか」という歴史上の時間的経過を含む問いは後者の例である。前者の例に関して福澤諭吉が、落馬したのは半身不随になったこととの「近因」であって、酒を飲み過ぎるというのが半身不随になったこととの「遠因」だと区別して論じているのが興味深い（『文明論之概略』）。

ヒュームが論じたように、ある事象を観察し、それより先に起こったことがその事象を引き起こし、その事象に続いて起こったことがその結果であるとわれわれは考えがちだ。Aが起こり、その後にBが起こった、したがって、Aが原因でBが起きたと理解しやすい。その「系」として、Bを防ぐためにはAを防げばよい、という推論が無意識に生まれる（post hoc ergo propter hoc）。「あなたが来るまでこの村には何のトラブルも起きなかった。あなたが来てから次々と困った問題が発生した」という外来者への敵対的感情はその典型であろう。

また、二つの運動が同時に起こり、そこに空間的な関係性が見て取れると、そうした関係から人間は因果性を感じ取る傾向がある。例えば、夜半の「空」の月が白くて細い雲に覆われると「海」に烏賊《いか》の大群が発生するというような推論をする場合だ。

この種の因果推論は、必ずしも想定する因果の連鎖のメカニズムへの理解を伴うわけではない。自分が事前に持っていた知識（世界像）と、感じ取った現実（perceived reality）が混じり合って、意識されざる推測（直感？）によって結論に到達している。心理学の教科書でよく見られる「錯視」や「騙し絵」も、感覚の段階でそうした操作を瞬時に行っていることを示す例であろう。

目は無意識のうちに視覚情報を取り入れているが、脳がそうした無秩序な視覚情報に「文脈」を与えていると解釈できる。その「文脈」の与え方は、ヒュームの指摘するように経験

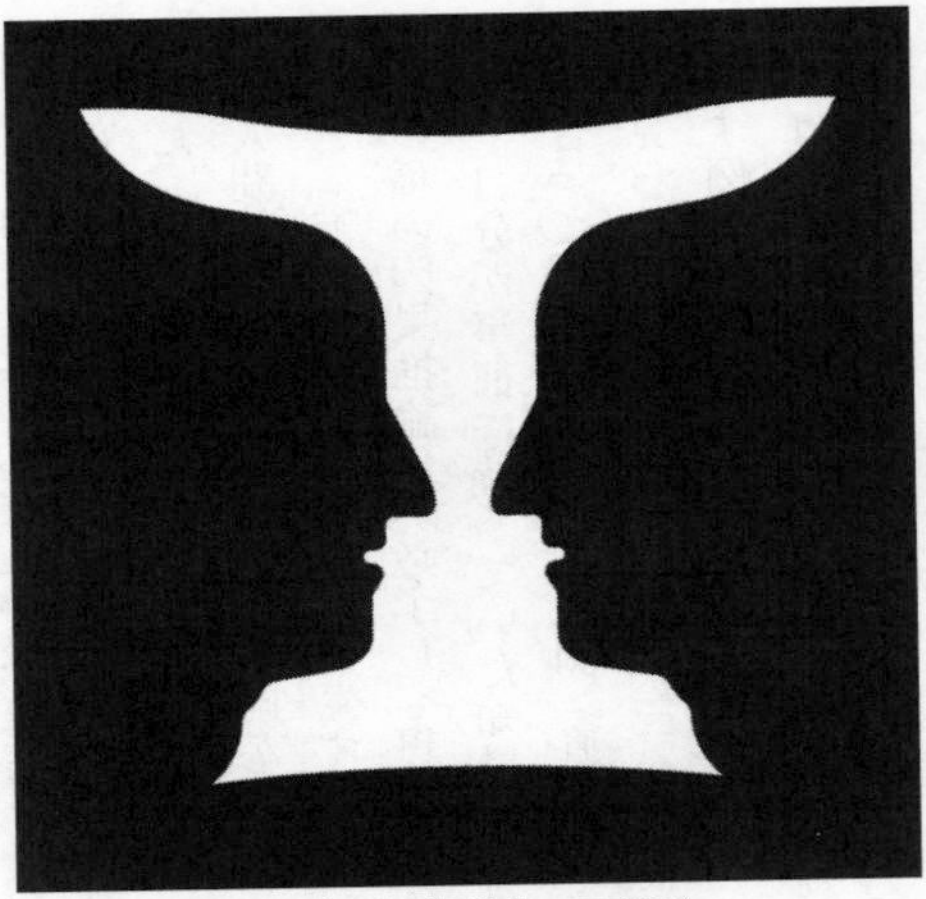

図1　ルビンの壺（画像提供：PIXTA）

によって形成された知識に規定される場合が多い。視覚による認識の分かりやすい例は「ルビンの壺（Rubin's vase）」である。黒地に描かれた白地の図形からは、向き合った二人の顔が浮かび上がるように見えるが、大きな白い壺のようにも見える（図1）。描かれた像と下地の双方が意味を持ちうる場合、見る者は自分にとって意味を持つ、あるいは自分の知っているイメージや事物をその絵から読み取る。「図と地の分化」と呼ばれる感覚や知覚、経験・記憶の情報処理過程に現れる人間の認識の特質とされる。

ケインズの指摘

われわれは、経験や既知の情報によって世界を詳しく、統一的に、そして実際以上に深く理解していると信じ込んでしまいがちだ。しかし実際は、溢《あふ》れんばかりの情報をその上面だけに目をやりながら、単に情報を「消費」しているだけであって、物事の原理原則を必ずしも深く読み取っているわけではない。そして目にした情報をそれまで自分が持っていた情報に適合させているに過ぎないことが多い。これこそヒュームが論じた蓋然的知識の因果的推論である。主体とその行為の間の因果関連を事後的に理解するために、既知のアイディアや過去の思想や経験で物事を解釈してしまうのだ。

こうした点について、J・M・ケインズ（1883〜1946）は古典的名著『雇用、利子および貨幣の一般理論』（以後『一般理論』）の最後の「一般理論の誘う社会哲学――結語的覚書」を次の文章で結んでいる。

「経済学者や政治哲学者の思想は、それらが正しい場合も誤っている場合も、通常考えられている以上に強力である。実際、世界を支配しているのはまずこれ以外のものではない。誰の知的影響も受けていないと信じている実務家でさえ、誰かしら過去の経済学者の奴隷であるのが通例である。虚空の声を聞く権力の座の狂人も、数年前のある学者先生から〔自分に見合った〕狂気を抽き出している。（中略）だから、役人や政治家、あるいは扇動家でさえも、彼らが眼前の出来事に適用する思想はおそらく最新のものではないだろう。だが〔最新の思想もやがて時を経る〕、早晩、良くも悪くも危険になるのは、既得権益ではなく、思想である」

このケインズの言葉は、新しい考えが理解されて浸透するのには、新しい情報や考え方を、それまで自分が持っていた観念の体系にうまく折り合いをつけるのに時間がかかるということを語っている。ここにはヒューム哲学に傾倒したケインズの世界観がはっきりと読み取れる。

相関関係と因果関係の混同

因果関係の把握の難しさは、しばしば相関関係の解釈にも不用意に持ち込まれることがある。相関関係を因果関係として解釈することの誤りとして次のような例がある（F. Fisher, *The Identification Problem in Econometrics*）。

……かつてロシアでコレラが流行したことがあった。政府はその疫病を根絶するために、最も死者を多く出している地域に医者を派遣した。S県の農民たちは自分たちの遭遇している状況を議論し、各地の医者の数とこれら地域の罹病状況を調べ、これら二つの数の間に非常に高い相関（correlation）があることを見いだした。この動かしがたい事実によって、農民たちは蜂起して医者たちを殺戮した……。

（このエピソードは、「Evsey D. D. に負っている」とフランクリン・フィッシャー教授〔1934〜2019〕は断っているが、「D.」は、経済成長論で先駆的な研究をした同僚のドーマー教授

〔ロシア生まれ〕に違いない）

派遣された医者の数は罹病者数によって政府が決めたものだ（感染者が多いから多くの医者を派遣した）。しかし多くの医者によって患者の数が減少するという方向の力も働く。コレラ患者の数はそれ自体、疫病の伝播の法則と各地方の衛生状況にも依存している。

話のポイントをフィッシャー教授は次のように説明している。歴史的に（時の流れに沿って）変数間の相関関係を調べることは、観察された変数間の相関を乱すようなことが起こらない（「正常」状態が続く）限り、予測のための簡便な方法かもしれない。「正常」な状況においてはそのような予測は、因果構造の研究に基づく予測よりもよい予測が可能であろう。しかし、その変数の間の関係を変えてしまうような何らかの変化が起こった場合、構造に関する情報は不可欠になる。システムの一つ、あるいはそれ以上の数の変数に影響を与える政策を採ることが望ましい場合もあるだろうし、また、歴史的に連動してきた変数が何らかの転換点に到達したときに（構造変化を来して）そうした関係性が断ち切られることもある。その場合は、構造を把握し直す必要がある。

社会現象における因果関係把握の難しさ

このように考えると、社会研究における因果関係の把握は、想像するほど容易ではないことが分かる。例えば、今Xが、YとZの共通の原因だとする。その場合、Xが起こったとき、もしYとZが独立の事象であれば、YとZは独立に動くはずだ。しかしXを共通の原因とするためにYとZが同じような動きを見せることから、YとZの間の因果関係を推測してしまうかもしれない。

しばしば挙げられる例として次のようなものがある。アイスクリームの売り上げが伸びると、水死者数が増える。したがってアイスクリームが水死の原因だ」。このような推論は、あまりにも馬鹿げているため、笑い話のように見える。言うまでもなく、多くの人が泳ぎに来たので、アイスクリームが売れ、水死者数もいつもより増えたのだ。しかしこれは先にフィッシャー教授の挙げたロシアにおけるコレラの蔓延と医者の数の増大との関係を因果関係と捉える推論と同じである。

またXがZの原因、YもZの原因だとすると、二つの独立した原因XとYがZの結果を支配することになる。先に挙げた福澤諭吉の「酔った（X）武士が落馬して（Y）半身不随になった（Z）」ケースの半身不随（Z）の近因（Y）と遠因（X）はその例であろう。さらにXとZの間にYという要因が絡まっているような場合もある。眼科医から聞いた例であるが、「明かりをつけたまま寝る若者は近視になる確率が高くなる」という命題をめぐる医学関係の議論があった。この命題は統計的相関として米国の医療機関で検証されたものだそうだが、のちの研究で「両親が近視の子供は、近視になる確率が高い」、「近視の両親は子供を明かりをつけた寝室でねかせることが多い」という二つの命題が統計的に検出された。その結果、元の命題、すなわち「明かりをつけたまま寝る若者は近視になる確率が高くなる」は、そのままの形では直接の因果推論として成立しないことが示された。「明かりをつけたまま寝る」という事象には「両親の近視」という変数が因果の鎖の中に介在していたのだ。

統計的差別の理論

問題とする個別事例についての具体的な情報が不足しているとき、人はどのように推論し具体的判断に至るのであろうか。一つの個別ケースについて、何らかの判断を下さねばならない場合の因果推論の典型例がある。それは「過去こうであったから、今度もこうなるはずだ」という推論だ。そうした保守的な選択をすることが合理的な場合がある。例えば、ある属性（attribute）について個別ケースの推量を行うとき、その属性を持つ集団についての経験的（統計的）な情報を用いて帰納的な推論を用いると、損害や費用が小さくて済む場合があるからだ。

こうした推論を具体的に示す例の一つが「統計的差別（statistical discrimination）」と呼ばれる理論である。労働市場への適応例が分かりやすいので紹介しておこう（以下の説明は労働経済学の教科書、G. Borjas, *Labor Economics* による。最初の理論論文は1972年のE.S. Phelps, "The Statistical Theory of Racism and Sexism")。

ある企業の求人広告に対して二人の応募者があったとする。一人は女性、もう一人は男性であった。当該企業は人事に関して男性・女性に関する差別的な感情や意識は皆無だと仮定する。履歴書では二人は新規学卒であり、卒業した大学も同じ、学んだ専門分野も取得した単位も成績も同じ、要するに「能力」を示すデータが全く同じだとする。そして二人は面接も成功裡のうちにパスした。

採用枠が1名の場合、人事の採用担当者はどのような推論によって採用を決めるだろうか。募集している人材に期待される仕事内容が、新規学卒者が入職してすぐにひとりで遂行できないような難易度の仕事であり、その仕事の基礎的部分を習得するのには少なくとも2、3年かかり、高度な内容の技能を身につけるためにはさらに4、5年を要するとする。面接では両者とも、「この企業でこの仕事をずっと続けて一人前になりたい」と前向きな姿勢を示しているが、人事担当者は「確かだろうか」と不安を持つ。最初の2、3年この企業が熱心に教育し、あらゆる訓練機会を与えても、その後すぐ辞められると、訓練投資として多額の費用を投下したにもかかわらず、その果実（「収益」）を享受できないことになる。

そこで人事担当者は、二人にどれだけの定着率を期待できるのかを考えざるをえなくなり、自社の過去のデータや同業他社のデータを集める。その結果、同じ職種の女性の離職率から、20代、30代の前半で結婚や育児で離職する女性が多いことを突き止める。今その採用を考慮中の個別の女性に関しては、彼女の将来の就業行動がどうなるのかは判断できない。しかし自分が集めた統計データでは、同業同職の女性の離職率が男性よりも有意に高いことが判明している。結局、この会社の人事担当者は、男性の応募者の採用に踏み切る。

「統計的差別」の例は次の点を明らかにしてくれる。履歴書や面接では応募者の真の能力と成長の可能性を測定することはできない。こうした情報の「不完全性」を補うために、過去のケースや他社のデータによって、リスク情報に関する統計（男女間の離職率の平均値の違い）を利用して、個別具体的な二人の応募者の将来行動を予測するのである。

こうした推論はなぜ統計的「差別」と呼ばれるのか。それは人事担当者の判断が、統計的に低い離職率を過去示してきた「男性グループ」に属する応募者に有利に働き、逆に高い離職率を示してきた「女性グループ」には不利に働いているからだ。

しかし類似の現象はいたるところで発生している。この選好を「差別」と見るか「区別」と見るかは観察者の考え方次第ということになる。しばしば挙げられる例として、生命保険における保険料は年齢や性、あるいは健康状態に応じて設定されている。これを「差別」と呼ぶ人はほとんどいないだろう。こうした保険の設計には、病気に罹る確率や死亡率が性と年齢によって異なるという動かしがたい統計データを根拠にしているからだ。

ある人間が保険に入ろうとしたとき、被保険者がどれほど長く生きるのか、どれほど健康であるのかについて完全な情報は存在しない。だからこそ合理的な経営を行う保険会社は、その被保険者の属するグループの過去の健康や生存率に関する統計（平均）の情報を利用する。一般に女性の方が長寿であるという統計的な事実に基づいて、女性の保険料を安くするという原則が合理的だとして受け入れられるのである。したがって、「差別」であるか「区別」であるかの境界は、合理性が社会的通念にどの程度なじむのかという問題と捉えることができる。

統計的な差別理論は、個別ケースに関する完全な情報がないときに、統計的データ（ヒュームの言う「蓋然的知識」）を用いて、因果的な推論を行う典型的なケースと考えられる。

3　新たな手法の開発

この「難所」をどう克服するか

社会研究は、現実を正確に把握して様々な変数の間の因果関係や相互依存関係を剔出《てきしゅつ》することを目的とすることが多い。因果関係を検出し、それに対して対策（政策）を考え、現状を改善することが求められるからだ。

これまで医学的な治療との類推を例として挙げることがあったが、自然科学でも因果関係の確定は決して容易ではない。繰り返しになるが、因果関係を論ずる際に求められ、適用される「知」は、絶対的なものではなく、蓋然的なものであるということは強調してもし過ぎることはない。

一つの変数が二つ以上の要因（説明変数）によって影響を受ける場合、注目するある変数の影響（因果関係）をどのようにして抽出するのか。これはコントロールされた実験ができない「社会科学」にとって、避けて通れない難所である。ただし近年、この分野でいくつかの進展が見られるのも事実だ。

例えば労働経済学の主要トピックとして、教育と所得の関係を論ずる分野がある。この問題は先に挙げた福澤諭吉の教育と貧困の議論からも分かるように、人間社会にとって古典的テーマとも言える。その際、「能力」と所得を問題としているのか、「教育」と所得の関係を調べようとしているのか、問題が十分区別されていないケースもある。能力の所得への効果を見ているのか、教育の所得への効果なのか識別するのが難しいということだ。ランダムに選ばれた若者のグループに、（能力やバックグラウンドと関係なく）異なったレベルの教育を施し、数年を経て、彼らの所得状況を観察する、という教育レベルだけをコントロールした

「社会実験」を理論的にはデザインできる。しかし言うまでもなく、こうした「実験」には倫理的問題が含まれる。したがって、能力の差によって生まれる推定の偏り（ability bias）を取り除いて、教育の純粋な効果を測定する方法が開発されるようになった。

具体的なケースを二つ示しておこう。

一卵性双生児に注目した手法とその限界

教育はどのように将来の所得に影響するのか、という問題を考える場合、就学年数で教育の量を捉えると推定にバイアスが生じる。生得的な能力（innate ability）のある者は、同じ教育年数でも、教育の所得への効果は大きく推定されてしまうからだ。このバイアスを回避するひとつの方法として、1990年代に一卵性双子に関するデータが用いられるようになった（この手法を用いた研究として、O. Ashenfelter, Alan B. Krueger, 1994 と Ashenfelter and C. Rouse, 1998 がよく知られている）。

Ashenfelter and Rouse は、米国オハイオ州の人口約2万人の町、ツインズバーグで開かれる「全米双生児フェスティバル」に参加した一卵性双生児の大量データを収集して「学校教育の収益率」（教育年数が1年長いことによる所得の上昇率）を推定した。ちなみにこのフェスティバルには約3000組の双子〔三つ子以上も含む〕が参集するという。同じ遺伝子、つまり同じ先天的な能力で、同じ家庭環境で育った一卵性の双子に教育年数の差があれば、所得にどれほどの差が観測されるのかに着目したのである。所得の差が生じているとすれば、それは教育年数の差に起因すると考えるのだ。したがってここでは双子の間に生じた情緒的な差、学習意欲の差の問題などは考慮されていない。

この研究の暫定的結論は、教育年数が１年増加すれば、所得は８〜９％高くなり、「追加的な教育年数の増加は所得の増大に貢献する」というものであった。これは人的資本理論が予想する結果と一致する。

一卵性双生児は基本的に親の所得や生活環境が同じとみなせる。しかし双子の中には、大学へ進学する者と高校中退する者など、同じペアでも、教育年数に違いがあるケースが少くない。こうしたデータを収集すると、教育年数の所得への影響について、一般のデータによる推計よりもはるかに能力差によるバイアスが生じないと判断された。

ただ、こうした双子のデータを用いた推定結果を、より広い一般のデータから得られた結果と比べると、その差がかなり有意に出てくるケースと、予想以上に小さいケースがあり、確定的な結論が出ているわけではない。遺伝子的な意味での能力差を取り除けたとしても、ほかにバイアスを生む要因があることは否定できない。

そもそも一卵性双生児の一方が（例えば）大学院まで進学し、他方が高校中退であるようなケースはなぜ起こるのかを考察せずに、直ちにこうした統計処理に専念することには問題があろう。むしろこのことから、一卵性双生児といえども生まれた後の経験が「完全には同じでない」ということに関心を広げるべきだろう。例えば一卵性双生児において、「将来への自覚の違い」が「所得の違い」をもたらす、という前提があり、その違いが生じる理由を解明しない限り、統計的に計測された結果は純粋に教育投資の収益率だと解釈することはできない。その意味では、一卵性双生児を用いた教育の所得への効果の測定は、現段階では問題が完全に解決されたとは言いがたい。

ランダム化されたサンプルを用いる

「自然実験(natural experiment)」と呼ばれるこうした手法の例をもう一つ挙げておこう。同じ「潜在的な能力」を持つ人の教育程度と収入に関するデータを集めて、教育がいかなる経済的な効果を及ぼしているのか、「潜在的な能力」を一定にして教育の効果の測定を可能にする次のような方法も開発された(J. Angrist and A.B. Krueger, 1992)。

米国ではヴェトナム戦争が最終段階にさしかかったころ、徴兵の有資格者の中から順番を決めるルールとして、「くじ」による選出方法が導入された。説明はやや煩瑣《はんさ》になるが概略次のような方式であった。

「くじ」の形は、ある年に生まれたものに、その誕生日の月日に1から365までの番号をランダムにつける。この番号順が軍役に就く順序となる。低い番号ほど徴兵される順番が早く、高い番号ほど遅くなる。このルールに従うと、ある程度以上番号が高くなると「徴兵を免れられる」ことを意味した。

この方式では、誕生日によってランダムに徴兵の順序が決まるので、低い番号の者と高い番号の者との間に潜在的な能力差があるとは考えられない。つまり、低い番号のグループと高い番号のグループの能力は平均としては同じとみなすことができる。したがって、「低い番号で教育年数の高い労働者」と「高い番号で教育年数の低い労働者」の間の賃金所得の格差を測定することによって、純粋な教育の影響力を測定していると考えることができる（以上のような、教育年数が所得に与える効果の推定方法を批判的に検討し、独自の推定も行った安井健吾・佐野晋平〔２００９〕は、研究の現状について明快な解説を与えている）。

教育（サービス）は消費するのに「能力」を必要とする。高学歴を獲得するには学歴を高めるために越えなければならないハードルがある。したがって、教育年数と能力には必ず正の相関が存在する。そのため、所得の上昇が能力によるものなのか、教育によるものなのかの判定は極めて難しい。しかし、このように能力によるバイアスをコントロールすれば、教育と賃金所得の関係をより純粋に抽出できると考えられる。もっとも、こうしたデータが利用できるケースは限られている。したがってランダム化されて収集されたデータを利用するこの手法は、問題を全面的に解決しているわけではない。ちなみにこの手法で「能力」によるバイアスをコントロールすれば、教育（年数）の推定収益率は約7％ほどだと報告されている。

近年の展開は朗報ではある

自然科学の分野では、ほかの変数をコントロール（制御）しながら問題とする変数を変化させて、説明されるべき変数（被説明変数）への影響力を観察できる場合が多い。しかし社会現象を分析する場合には、こうした自然科学における実験手法を用いることができないケースがほとんどだ。しかもこれはデータを大量に集めたからといって解決できる性質の問題ではない。社会研究をする者の前に立ちはだかるこうした「厚い壁」をどのように崩し、乗り越えるのかは挑戦に値する難問である。

実際、近年こうした因果関係に迫る分析手法は新たな展開を遂げている。そうしたチャレンジは、様々な興味深い解決方法を（限られたケースについてではあるが）提示していると同時に、社会現象の複雑さ自体を明らかにしてくれる点でも有益だ（例えば、伊藤公一朗『データ分析の力——因果関係に迫る思考法』は、この問題に対して近年開発された分析方法を分かりやすく解説している)。

しかしヒュームの因果関係についての考察を思い起こすと、こうした統計的手法は一部の限られた問題について、厳密性を保持しつつ正確に条件付きの回答を与えていると考えるべきだろう。もちろん、「完全ではないから価値がない」というのは、知的ニヒリズムであり、積み重ねと「持続と蓄積」の精神を旨とする学問にとって、そうしたニヒリズムは危険な敵である。

統計学の推論の最終的な目的は因果の検出にあるにもかかわらず、筆者が統計学を学んだころには、統計学的に因果推論をいかに行うかはまだ表に現れたトピックではなかった。統計的に因果関係を厳密に推論する手法は、「ランダム化比較試験(RCT: Randomized Controlled Trial)」が開発されたあたりから盛んになり始めた。しかし「ランダム化比較試験」は、先に取り上げたヴェトナム戦争時の徴兵時のデータのようには多く存在するものではない。

こうした状況を踏まえて、因果を統計学の中心課題として位置づけ、統計学を拡張しているのが「統計的因果推論」という分野である。この分野の近年の発展の基本部分は、教科書がすでに多く書かれていることからもうかがい知れる。その展開を、「因果関係」を剔出する方法として(常識や直感に頼ることなく)学ばなければならない。

「シンプソンのパラドックス」は直感に反する

統計的因果推論を解説する教科書で、例示として取り上げられる「シンプソンのパラドックス」を紹介し、常識や直感が時にいかに信頼できないか、そして真の因果関係はなぜ、単なる統計データを眺めるだけでは分からないのかを最後に示しておこう。「シンプソンのパラドックス」は、統計的な集計量が、全体と部分で相反するという、奇妙な、そして直感に反するような例である。こうしたパラドックスを知っておくことは必要だ。統計と大まかな推論だけを頼りに物事を考えることの限界を教えてくれるからだ。

イギリスの統計学者で暗号解読者でもあるエドワード・シンプソン（1922〜2019）は、次のようなすぐには理解できない（受け入れられないような）「シンプソンのパラドックス」と呼ばれる数値例を作った。それは、母集団における相関と、母集団を分割したそれぞれの集団での相関が、正負逆になることがあるという数値例だ。集団を二つに分けた場合にある仮説が成立しても、集団全体では全く逆の仮説が成立するケースである。以下の例は『入門　統計的因果推論』(J. Pearl, M. Glymour, N. Jewell) からの数値例である。

シンプソンは、ある患者のグループに新薬を投与した結果の数値を示した。**表2**は、薬を投与した患者と投与しなかった患者を性別に集計してそれぞれの回復率を計算したものと、

表２　新薬についての調査結果（性別を考慮したもの）

	薬投与	薬投与なし
男性	87人中 81人が回復（93%）	270人中234人が回復（87%）
女性	263人中192人が回復（73%）	80人中 55人が回復（69%）
合計	350人中273人が回復（78%）	350人中289人が回復（83%）

出所：J. Pearl, M. Glymour, N. Jewell『入門 統計的因果推論』p.3より作成

全員を合計した場合の回復率である。

まず男女別に見る。薬を投与した男性の回復率は、投与しなかった男性の回復率よりも高い。女性についても、薬を投与した女性の回復率は、投与しなかった女性の回復率よりも高いという結果である。新薬は男性に対しても女性に対しても「効力がある」という結論が導けそうだ。ところがこの数値例では、薬を投与した患者としなかった患者を男女の合計で見ると、薬を投与した患者の方が、投与しなかった患者よりも回復率が低いという不思議な結果が出る。

「そんな馬鹿な」と思って当然であろう。しかし数字を何度チェックしても計算に間違いは見つからない。こうした事態に直面した場合、この新薬の効果をどう評価すればよいのだろうか。その判断をこの統計結果だけから下すことはできない。つまりこの統計だけでは判断のための十分な根拠（あるいは証拠）が与えられてはいないのだ。必要なのは、この新薬の持つほかの作用（あるいは副作用）に関する情報であり、薬を投与することがもたらす、「回復を妨げる作用」が男女間で異なる可能性があるという因果推論である。したがって、性別に

その効果を測定したということは、この新薬の有効性の判断にとって極めて重要な作業なのである。統計数値の生データだけを見ていると、男女ともに薬の投与は回復率を（投与しない場合よりも）高めているわけであるから、つい薬の作用は性別に影響するはずがないと思い込んでしまう。

この「思い込みの罠」からいかに脱出するか。それを問題にするのが統計的因果推論という学問分野であり、それを理解するには明解なテキストを、ゆっくり考えながら（楽しみながら）読むよりほかはない。

実はこの「統計的因果推論」は近年突然に現れたわけではないという指摘もある。その学説史的・思想的な流れを明らかにした興味深い著作、佐藤俊樹『社会科学と因果分析――ウェーバーの方法論から知の現在へ』で展開された興味深い視点について最後に言及しておきたい。

マックス・ウェーバー（1864〜1920）は、日本では特に「語り尽くされた学問の巨人」と思われるほど、長い間多くの分野の研究者の関心を集めてきた。佐藤の著作は、ウェーバーの定式化した「適合的因果構成」という因果関係の分析に注目し、この方法が近年の統計的因果推論につながる点を示している。その内容を要約的に紹介することにはここでは立ち入らない。同書の第5章「社会の観察と因果分析」における「社会科学と反事実的因果」は、反事実（counterfactuals）、すなわち「過去のある時点において異なる選択をしていたら何が起こっていたか」という問題を扱っている。この確率をいかに計算するのかが、統計的因果推論の主要テーマの一つであると佐藤は論じている。こうした因果の概念と推論の方法を、すでにウェーバーが問題として論じていたことは、学問がいかに時間とともに緩やかに前進するものであり、新しい考えが突如現れるものではないということを示す、まことに貴重な指摘だと思う。

第4章　曖昧な心理は理論化できるか

1　「期待」が人間の行動を考えるカギ

不確かさの源泉――他者と未来

一般に自然科学に分類される学問では、研究の対象は「こころ」を持たない。もちろん、精神医学、人類学、動物行動学、霊長類研究などの領域では、対象は「こころ」を持ち、「こころ」によって観察者（研究者）と観察される対象との「相互作用」が生まれる。しかし、落下する物体やウィルスなど伝統的な自然科学が対象とする事物は、観察されているからといって、自分の行動や形態を変える、あるいは将来の予想を自ら修正することはない。もちろん、こうした区別が常に明確にできるわけでもない。例えば自然科学でも、量子力学では観察者と対象（電子などの量子）が不可分に結びついていると考えるそうだ。観察するときに観察対象に光などの量子を当てると、観察対象の量子に変化が発生すると聞く。ただし、この場合でも、対象となった主体（agents）なり事物（量子）は、「こころ」を確実に読み取れない「他者」であり、不確かな「未来」を意識して自己の行動を決めているとは考えにくい。

しかし一定以上の知能を持つ動物の場合、観察されていることを知った場合とそうでない場合では行動が異なってくることがある。それだけではない。倫理学や文学、歴史学あるいは社会学、経済学、政治学などの分野では、人間の心の不確かな動き、他者との相互関係、そして「未来」や「これから」へ向けられる（forward-looking）心理や考えが問題となる。人間は現在をどう捉え、未来に向かってどのように行動するのかが探究の主要なテーマの一つになるのだ。だがこの「未来」に向けた人間の行動をどのように学問的な枠組みの中に位置づけるかは容易ではない。

そもそも未来という概念も曖昧である。確実なのは、古代の賢者が言ったように、過去についての現在、現在についての現在、未来についての現在だけである。あるのは、過去についての現在である「記憶」であり、現在についての現在である「直観」、未来についての現在としての「期待」だけだ。

もう一つ、人間社会の考察を難しくしている要因は、人間と、その人間が属する集団（社会）との錯綜《さくそう》した関係である。人間は、集団の一員として、ほかのメンバーの考えや行動によって自分の行動を決める場合が少なくない。1対1のケースでは、相手の考えや行動で自分の行動が決まることがある。多くの人からなる集団の場合も、「他者」の考えや行動によって自らの行動を決めるケースは珍しくない。「人間は社会的動物である」（アリストテレス）と言われるのは、まさに、人間はひとりで孤立してこの世に存在するわけではないという単純かつ冷厳な事実を指している。ひとりで存在するとすれば、倫理も道徳も、正義・不正も、知性も愛情も必要とはされないだろう。この問題は、社会研究の古典的名著、『ロビンソン・クルーソー』でダニエル・デフォー（1660?〜1731）が鋭い考察を加えている。「人間は社会的存在であること」、そして「未来が不確かであること」、この「知識の不完全性」と「社会的存在」は互いに結びついているのだ。人間の知識が不完全であるからこそ社会性を持たざるをえないのであり、法も道徳もこの不確実性にその発生の源があると考えられる。

この点について、法哲学者のH・L・A・ハート（1907〜1992）の考察は傾聴すべきだ。ハートの立場を要約すると次のようになろう。われわれが、いかなる曖昧さもなく、事前に、一般的なルールで人間の行為を規制（regulate）しようとすれば、必ず（相互に連関する）二つの困難に遭遇する。一つは、われわれが相対的に無知だという事実、もう一つはわれわれの目的が相対的に不確定であることだ。われわれが生きる世界の特性や事象が、もし有限で数え上げることができる（countable）とすれば、すべての可能性を事前に列挙して、それに対する施策やルールを作っておき、それを機械的に当てはめれば事は足る。しかし現実には、これら二つの困難を取り除くことはできない（ハート『法の概念』第七章）。さらに、自分の行動が自分以外の人間の行動に依存する場合があること、そして自分が持つ情報が完全でないからこそ、われわれは意識の程度に差はあれ、未来の予想をしながら行動するのである。はっきり意識されていなくても、われわれは推理し予想し、すべての考え、言葉、行動を選択している。「未来」は人間にとって常に不確実であり、「他者」の心を正確に読み取ることはできないのだ。ここに社会研究を困難にする根本原因が存在する。

蜘蛛の巣サイクルに見る「期待」の難しさ

人間の未来に向けた選択・行動について、経済学は問題を厳しく限定しつつも、いくつかの簡明な理論を展開してきた。経済学の場合、概念が数量化されるものが多い。将来の価格がどうなるか、次期の売り上げはどの程度か、あるいは所得は増えるのか、消費税率が上がれば消費はどの程度低下するのかなど、極めて具体的な「数値予測」の形をとる。政治学や国際関係論で、戦争は起こるのか、外交交渉はうまく妥結するのか、報復的な関税措置は採られるのか、などの予想は、考慮すべき要因が多いだけでなく、数量化してその予想の当否を数字で判断できないものがほとんどである。ましてや、来春のファッションはどのような色彩やデザインなのかという予想に至っては、何を手がかりに予想すべきかについて一致した見解は存在しない。

経済的な予測は、企業や家計の現在の選択に実質的な（決定的な）影響を与える。経済行動の主体（agents）は、基本的にすべて将来を見据えて物事を決めているからだ。主体が持つ、前に向けた（forward-looking）見通しを、経済学では「期待（expectations）」と呼んでいる。期待という用語は、ある種、経済学の同業者用語（jargon）であって、必ずしも「よいことを待つ」という意味ではない。将来に向かって見通しを立てることであって、予想（foresight）や予測（prediction）と基本的に同義と考えてよい。

こうした経済主体の期待を経済学ではこれまでどのように捉えてきたのかについて簡単に振り返っておこう。過去の研究者たちがこの複雑なテーマといかに取り組んできたのかを学んでおくことは、問題の手ごわさを知る上でも有益だ。

最初に期待がいかに形成されるかを理論化したのは、古典派経済学者たちであった。「蜘蛛の巣サイクル（cobweb cycle）」と呼ばれるモデルである。このモデルは、例えば「供給者が来期の価格を予想するときは、今期の価格と同じ価格が来期も成立すると考える」という素朴な形をとった。このメカニズムをハッカ栽培を例にして説明しよう（河崎秋子『土に贖《あがな》う』の「翠《みどり》に蔓延《はびこ》る」）。

清涼感のする香りや味のするハッカ（メントール）が日本で栽培され出したのは江戸後期からであるが、本格的な生産は明治に入ってから、主に北海道への移住者によって始められた。食品、医薬品などにも用いられ、1930年代の日本のハッカ生産は、世界全体のシェアの7割を占めるほど盛んであった。しかし戦後は、インド、ブラジルからの輸入品や石油を原料とする合成ハッカの登場で衰退を余儀なくされた。

ハッカ農家が前年の市場価格を前提に今期の作付けを決めても、今期に予想した価格が翌年に成立しているとは限らず、需要側に「高過ぎる」とみなすものが多ければ売れ残る。こうした状況に陥り、農家は窮地に追い込まれる。

ハッカが高価格で市場に出回っていることを農家が知り、「そんなに高く売れるなら増産だ」と判断して、ほかの作物用の農地をハッカ生産に転用する。ほかの農作物の生産は減少し、ハッカの生産量は増加する。しかし増加したハッカを市場へ供給できるのは次の時期だ。翌期に、農家が生産したハッカを売り尽くしたいと思っていても、次の年の需要に対して供給過剰になり、価格を下げざるをえなくなる。その次の時期には、下がった価格に応じて供給する量を減少させるため、市場は需要超過になる。こうして供給超過と需要超過のサイクルが生まれ、直ちに需要と供給が一致することはない。サイクルを描きながら需給をバランスさせる価格の周りをグルグル回るという現象が生まれるのだ。このように予想と現実の乖離を繰り返し、最終的には需要曲線と供給曲線の交点に価格が落ち着く過程を「蜘蛛の巣サイクル理論」は記述する。この過程を需要曲線と供給曲線を使ってグラフに描くと、蜘蛛が巣を作るような形になるので、「蜘蛛の巣サイクル」との名がついた。

この調整過程の描き方には重要なポイントが二つある。一つは、こうした農家の期待（予想）形成では必ずしも最終的に需給両曲線の交点の均衡価格に収束するとは限らないということ。需要曲線の傾きが供給曲線の傾きよりも急な場合は、価格は需給両曲線の交点へと収束せずに、大幅な上下振動を繰り返しながら発散するという不安定な状態が生まれる。

さらに重要なのは、このモデルでは来期の市場価格が、今期のそれに等しいという素朴な予想がなされている点である。次の年も今年と同じ価格で市場取引ができると予想している。これを「単純だ。現実はもっと複雑だ」とコメントするだけでは評論家に過ぎない。このシンプルなモデルのどこに、どのような修正を加えていけば、よりよく現実を記述できるのかを検討するのが、「理論的に考える」ということなのだ。

期待を重視したケインズ

期待（予想）を組み込んだ19世紀の古典派の「蜘蛛の巣サイクル理論」は、その約100年後に経済理論家たちの強い関心を集めた「合理的期待形成（RE：rational expectations）」理論の展開への礎石を提供した。このRE理論は「モデルの中の行動主体はそのモデルを知っており、平均としてモデルが予測するところを妥当だとみなす」と仮定するモデルである。大雑把に言えば、個々の主体の期待は間違っているかもしれないが、長い目で見ると、平均としては（全体としては）正しいとみなす考え方である。経済主体が利用可能な情報をすべて用いて期待を形成すると想定している、と言い換えることもできる。経済を動かす仕組みや、いかなる確率で何が起こるかといった情報も常に織り込んでいると考える。この強い仮定のマクロ経済学的な意味と価値はマクロ経済学のテキストに委ねる。

次に、「期待」という要素をケインズが重視したことと、蜘蛛の巣理論とREとの懸け橋となった「適応的期待（adaptive expectations）」の2点に触れておきたい。経済学における「期待」の役割の重要性をケインズは幾度も指摘している。マクロ経済学における、投資の決定や資産価格の形成における「期待収益（expected returns）」や長期期待の重要性を強調した点で、ケインズの貢献は極めて大きい。ケインズ自身は期待形成のメカニズムを明示的に組み込んだモデルを数式で提示したわけではないが、生産や雇用の決定要因として期待が

今期に期待する値＝前期に期待した値＋λ（前期に実現した値－前期に期待した値）

中心的な役割を果たすと考えていたことは確かだ。こうしたケインズの見方は、消費行動、投資理論、貨幣需要、インフレーションの理論など多くのマクロ経済学の理論に、「適応的期待（adaptive expectations）」として組み込まれるようになった。「適応的期待」という概念は、1950年代に、フィリップ・ケーガン（1927～2012）やミルトン・フリードマン（1912～2006）など、金融政策やインフレ制御理論の研究者たちが期待形成を記述するために開発したモデルである。

数式で表現すると上記式のようになる。

つまり、「今期に人々が予想する価格は、前期に実現した価格と前期に予想した価格との差の一定割合を、前期に予想した価格に、足し合わせたもの」に修正されるということになる。人は前期の予想の誤り分（予測値と実現値の差）の一部を取り入れながら、前期の予測値を修正して（適応させて）今期の予想を立てるというモデルである。

先に説明した「蜘蛛の巣モデル」に比べると、より賢明で（「過ち」を学習しながら）現実的な予想の立て方をモデル化している。ケーガンのモデルは微分方程式と指数関数を駆使したものだが、20世紀の世界で起こった7つのハイパー・インフレーションのダイナミックスをデータに基づいて実証的に示すことに成功し、その後のインフレーションを論ずるマクロ経済学へ多大な影響を与えた。
「期待」は人間の行動を把握するカギとなる概念であり、経済学においても重要な役割を占めるにもかかわらず、現実の経済活動でも経済学の中でも、表舞台の主役の位置を未だ得るに至ってはいない。この現状は、いかに将来を見据えた（forward-looking）人間の行動を、数理的な形で分析することが難しいかを示している。

このように考えると、投機的な取引（forward-looking な取引そのもの）の一つである株式の価格の決定を理論的に解明するのがいかに難しいかが理解できる。株価がどのように形成されるのか理論的に解明するという難問に取り組んできた研究分野もある。しかしこの種の研究はそれ自体一つの自己矛盾を孕《はら》んでいる。すなわち仮に「正しい」株価形成の予測理論が発見されたとしても、その理論を使って皆が「ひと儲け」しようとすれば、株価は別の動きを示して予測の有効性は失われる。理論そのものが、その理論を「正しい」と信じた人々の行動によって裏切られるのだ。個別の銘柄の動きと平均の株価指数の動きは別としても、仮に株価形成の「正しい」理論を開発した者がいたとしたら、それを公表することはなかろう。

「米騒動」（1918年）の特徴

「期待」という概念がいかに社会研究や経済政策の策定にとって重要な変数かは強調しても

し過ぎることはない。その「期待」が、現実の歴史の中でいかなるショックによって生まれ、いかなるメカニズムで作動してきたのか。先に触れたケーガンの研究のような優れた貢献はあるが、その期待形成が生まれるきっかけとなる「ショック（出発点）」を論ずることも軽視できない。つまり「そのような物価騰貴のプロセスはなぜ作動し始めたのか」という問題である。

メカニズムが作動し始める原因としてどのような要素が考えられるのかについて、1918年夏、日本全国で勃発した「米騒動」が参考になる。石橋湛山《たんざん》（1884〜1973）の論考、「騒擾《そうじょう》の政治的意義」（大正7年9月5日号『東洋経済新報』「社説」）はこの「騒動」を簡潔に分析している。この文章を取り上げる理由は、経済的な「期待」（湛山は「思惑」という言葉を用いている）がどのようなメカニズムを経て社会的な混乱を招き、その混乱によって内閣が倒れるという政治的事件まで招来したかを活写しているからだ。

米騒動は江戸時代にも何度か起こった。江戸時代は米が、人体における血液のように経済生活を動かしていたから、その価格の動向は最も重要な経済生活の指標であった。明治に入ってからも、明治23年（1890）、明治30年（1897）に米騒動は発生している。これらの米騒動は、凶作による米の供給不足が原因で米価の高騰が起きて、貧しい市民が市役所や警察署、富裕階層を襲撃したため、警察や軍隊が鎮圧したという事件であった。近年では、平成5年（1993）の「米騒動」も、記録的な冷夏による米の供給不足が原因であった。消費者だけでなく卸売業者までが米の確保に奔走して、店頭から米がすっかり姿を消したことを筆者も覚えている。だが警察や軍隊の出動はなかった。

しかし大正7年（1918）夏に起こった米騒動は、米の供給不足が原因ではなかった。政府の政策とそれによる「思惑」から発生したという点でほかとは性格を異にしていた。その特徴に注目し、いかに「思惑」が経済や政治を動かすかを示すために、この事件の概略を説明しておこう。

第一次世界大戦が始まり3年ほど経つと、米価は一般物価とともに急速に上昇し始めた。やがて地主や米穀商の投機のための「買い占め」や「売り惜しみ」によって、さらに上昇するだろうという「思惑」が生まれ、米価はますます高騰する。1918年7月、米価の異常暴騰に対して、富山県魚津町《うおづまち》の漁師の妻たちが米の移出を差し止めようとして海岸に集結して不穏な空気が漂い始める。8月に入ると漁民が、米屋や有力者たちに「米の移出禁止」と「米の安売り」を求める行動に出た。マスコミの報道もあり、この動きは富山湾沿岸から全国一帯に広がる。こうしてデモや暴動は（青森、岩手、秋田、栃木、沖縄を除いて）日本全国で9月中旬まで続いた。

この1918年夏の「米騒動」によるデモや暴動は、警察だけでは鎮圧できず、実に12

0か所に軍隊が出動した。8月2日に寺内内閣が決行したシベリア出兵への批判も世情を不穏にした。内相が米騒動の記事の差し止めを命令したことに対して新聞記者大会が内閣を弾劾、山県有朋《ありとも》ら元老の支持が得られなかったこともあり、寺内正毅《まさたけ》首相は9月21日、辞表を提出する。

若き石橋湛山の分析

この騒擾を湛山はどう分析したか。彼が重要だと指摘したのは、（1）米価さえ下げれば万事解決、騒擾犯者を厳罰に処すればいいという考えの浅薄なこと、（2）米は不作ではなく、供給不足でもなかったにもかかわらず、なぜ米価は高騰したのかを考えねばならないことの二点である。政府は前年9月1日に発布した「暴利取締令」によって、米価をはじめ諸物価の騰貴を警戒していたことも念頭に置くと、米価のこの異常騰貴がなぜ始まったのかの説明が必要だと考えるのだ。

湛山は「然《しか》らば米価は何が故に斯《かく》の如《ごと》く暴騰したのか。他なし、主として思惑の結果である」と喝破する。1918年5、6月ごろから「米の二十五、六円は他の物価に比して安過ぎる、他の物価の比例にすれば、四十円五十円となるも決して高からず」という噂《うわさ》が伝播し、米に対する買い煽りが、定期市場においても、正米《しょうまい》市場（自由取引の時代にあった全国の集散地の現物取引所）においても盛んに流通し、その結果、ついにかくの如き暴騰が起こったのだという。

ではこの「思惑」はなぜ生まれたのか、その始点はどこにあったのか。湛山は「政府の愚劣なる輸出奨励政策」にほかならないとする。つまり、政策という外生的なファクターが、「思惑」のメカニズムに火をつけたと見るのだ。日本政府は世界大戦のさなか、輸入の途絶を心配すべきところ、逆にこれを喜び、交戦国と海外諸国による日本の物資への需要が増大することを「天佑」と見て、国債まで発行して輸出為替資金（輸出業者が為替代金を取り立てるのに時間がかかるため肩代りするための資金）を調達した。そして「百方輸出」を奨励するという愚を犯したのだと湛山は政府の政策を批判する。米をはじめ、食料品、被服品などの国民生活の必須品が不足しようとしまいと、「委細構わず、底を叩いて、輸出させた」のだ。その結果、20円内外を尋常の値段と考えている商人たちが、単に「思惑」から、米価の二十数円は安過ぎる、通貨膨張も見て取れるゆえ米価も40円、50円になって当然と言いふらして一斉に買い煽りに出たところに、この米騒動の原因があると指摘したのである。

「思惑」が生まれた原因を指摘している点でも湛山の論考は秀逸だ。そして「米騒動」の意味を概括し、「政府が其第一任務たる国民全体の生活を擁護せずして却て之を脅かし之れを不安に陥れた」の一語に尽きるとしたのである。

2　思想と現実の関係

事実と「事実と信じられたこと」の違い

言うまでもなく、事実と、それが「事実」だと信じられたことは異なる。石橋湛山が先の論考で「思惑」と呼んだのは、（事実かどうかを精査することなく）事実だと信じたことを指している。信念というと、何か宗教的な精神の構えを意味するように響くが、必ずしもそのような善悪や軽重を含意するような概念ではない。あるときは単なる「思い込み」に過ぎないかもしれないし、あるときは堅固な（ときに独善的、ドグマティックな）信条を指すこともある。

事実と、事実と信じられたことを区別することは、理の当然であり、正気な者なら誰でも容易になしうると考えがちだ。しかしこの二つを截然《せつぜん》と区別することは、ときに意外に困難だ。その違いの意味、特に「あることを事実だと考える」ことの意味をどう理解するのかは、歴史学だけでなく、多くの学問にとって、認識上の難問の一つだといっても過言ではない。あることを事実だと信じること自体が、一つの見方や考え、思想を表すと考えられる場合があるのだ。

「神話」は想像上の虚構であり、事実としての史料価値がないと見なされることが多い。だが本当に史料価値はないのだろうか。この点について、日本の歴史学で重要な議論が闘わされたことがあった。「事実」と「思想」の関係をめぐって弁論が闘わされた「津田左右吉《そうきち》裁判」である。物語と物語に表現された思想という問題を念頭に置きながら、津田左右吉（1873〜1961）の主張を振り返ることは、事実とは何かを考える上で参考になる。

1939年、『日本書紀』に書かれた聖徳太子《しょうとくたいし》や神武《じんむ》天皇から仲哀《ちゅうあい》天皇ら歴代天皇をめぐって、津田はその歴史上の実在性について史料批判的な記述を公にしたため、不敬罪に問われ、翌1940年、神代史および上代史に関する彼の著作4冊が発禁処分になった。『古事記』『日本書紀』の神代史は、国家組織が整ってから後、思想の上で企てられた国家成立の由来に関する一つの主張であって、それによって現実の国家を正当視しようとしたものであり、史実の記録ではなく思想の表現としてみるべきだ、とした点が問題とされたのである。ここに、「史実の記録」というのが、われわれが「事実」と呼ぶものであり、「思想の表現」というのが事実だと信じる説話ないし物語である。

津田の学問的な姿勢、そしてそこから生み出された著作物は文部省からも不当な圧力を受け、早稲田大学教授を辞任させられる。津田と版元の岩波茂雄《いわなみしげお》は、皇室の尊厳を冒瀆《ぼうとく》したとして出版法違反で起訴されるのだ。

津田左右吉の歴史哲学

東京地方裁判所法廷での津田の弁論は、この「説話と事実」についての極めて重要な論点を含んでいる。津田は中西裁判長に神代史の性質とその精神について尋ねられて、次のように答えている（掛川トミ子編『思想統制　現代史資料42』）。少し長いが引用したい（カタカナをひらがなに改めた）。

「私が説話と申しまするのは、それは歴史的事件の記録ではありませぬけれども、徒らに形作られたものではないのでありまして、其の説話に表現せられて居る所の思想があるのであります。何等かの思想を表現せられて居る所に説話の意味があるのであります。此の思想が実に歴史的事実なのであります。昔の人が斯う云ふ思想を持つて居つたと云ふこと、其の思想が一つの事実であります。思想と申しまするとと、是れは人の考へであるから、事実でないと云ふ風に思ふ方があるかも知れませぬが、さう云ふことではないのであります。思想と云ふものは形に表はれた事実よりも、もつと確実な事実であります。或る時代に或る人が斯う云ふ思想を持つて居つたとしますれば、其の持つて居つた思想が歴史上の事実であるのであります。さう云ふ思想の表現せられたものが説話であるのでありますから、歴史的事件ではないのでありますけれども、そこには歴史的事実としての思想があるのであります。所が其の思想と云ふものが、実は思想を作り出す根柢としての事実である訳であります」

思想が表現されているところに説話の意味があり、その思想こそが歴史的事実なのだとする津田の主張は、つまるところ、形に表れた（見える）事実よりも、思想の方が確実な事実である、とも表現できるのではないか。それは津田の「思想と云ふものは形に表はれた事実よりも、もつと確実な事実であります」という言葉に簡潔に要約されている。

「事実」と「その時代の人々が信じた事実」は、ほとんど重なり合う部分があるとしても、基本的には別物と考えなければならない。この区別の重要性は強調しても、強調し過ぎることはない。これは社会研究における「認識の二重構造」とも関係している。端的に表現すれば、「社会研究をするものは、人々がその社会をどのように認識しているのかについて認識している」という二重性である。

こうした関係があるからこそ、神話や文学には秘められた真実を語る力があるのだ。小説は、その時代の人々が信じていた事実を（虚構として）物語ることによって、その時代の事実そのものに迫ることができる。小説は事実を記述（describe）したものではない。虚構を物語った(narrate)ものである。「ウソ」を物語る(narrate)文学が、強烈な迫力を持って「真実」に迫ることもあれば、「事実」を記述(describe)しようとする構えの経済学や政治学に現実感が希薄なことが時として起こるのはそのためだ。

文学自体はフィクションであっても、そこで物語られた説話こそが歴史的事実なのだという指摘は、社会研究においても念頭に置くべき重要な点だ。それは、フィクションとしての文学もその時代を理解するための重要な資料であることを意味する。例えば、『旧約聖書』の「創世記」冒頭の天地創造のくだり(第1章と第2章)を「現代の宇宙物理学の観点から荒唐《こうとう》無稽《むけい》だ」と言うだけに終わってしまうとすれば、それは事実と思想の違いを理解しないことになる(宇宙物理学者の中には、「創世記」天地創造の話は現代の最先端の宇宙発生論と必ずしも矛盾しないという立場の人もいると聞く)。

語られたことが「事実」であるか否かということと、語られたことが人間にとってどれほどの重みを持つ「真実」であるのかということは次元を異にする。前者は「実証」の問題であり、手続きと技術の問題に帰結する。これは厳密さ、正確さ、という点で、確かに困難な仕事ではある。しかし同じく、あるいはさらに難しいのは、「語られたこと」がいかなる重さを持った思想を表現しているのかを理解することなのだ。

神話が、語り継がれ、唯一文字として残された時代には、歴史学や物理学、神学、文学という学術領域はなかった。神話が徐々に解体され、知的活動の中で様々な分野へと分化・専門化していった。したがって、現代の視点から、「神話は素朴な誤謬《ごびゅう》に満ちている」「科学的に正しくない」と裁定するのは、事実と思想を区別しない単純な発想になる。

偽薬（プラセボ）と経済政策の類似点・相違点

しかし現代でも、この事実と思想（信念、理論）の区別は意識されないことがある。例えば、市場メカニズムへ研究者の関心が集中した時代は、市場が期待される効果を発揮しているときであり、自由市場への信頼感が強かった思想風土が力を得ていた。市場メカニズムの効率性を証明する経済学の諸々の定理が、事実としてごく自然に受け入れられた時代であった。そして現実の経済も、市場が生み出す活力によって、成長と発展を遂げたのである。市場が経済を成長させたということは否定できない。しかし市場への信頼が、さらに力強い成長の動因となった側面も無視できないであろう。

他方、１９３０年代の恐慌期には、市場自体の回復機能がうまく作動しない事態が生まれる。市場自体に、経済を不況から脱出させるような力強い自己調整のメカニズムが備わっていない点が指摘された。その点で最も影響力の大きかったのが、財政の出動によって有効需要を刺激するというケインズの政策思想であろう。

ケインズの財政政策（ピグー教授の論を批判した『一般理論』第19章で展開した論理）を長期にわたって続けることは、経済を麻痺《まひ》させてしまう（刺激するが、やがて麻痺させる）ことをケインズは知悉していた。市場メカニズムだけでは対応できない状況においては、財政政策によって経済を短期的に刺激するという手法が、一種の薬剤の世界での「プラセボ効果」にも似たようなインパクトを持ったという側面もあろう。本質的で長期的な解決策ではないにしても、一時的な刺激が、経済を正常な軌道に乗せるための手法として考えられたのだ。

薬理的には効果が期待できない成分で作られた薬は「偽薬（プラセボ）」と呼ばれる。偽薬を処方された患者が、効く薬だと信じることによって、病状に改善が見られるとの指摘がある。先に論じたように、ここには因果性に関する問題も伏在する。偽薬による病状の改善が、単なる偶然あるいは思い込みに過ぎないのか、それとも客観的な効力と考えるのかは専門家の間でも見解が分かれると聞く。特に、薬を処方されたことによる、精神的な安心感が（免疫力の上昇となって）症状の改善につながるというルートもあるかもしれない。さらに効能は病気の種類や症状の重さによって異なるであろう。不眠症に悩む人に小麦粉を丸めた錠剤を与えると、よい睡眠が得られることは珍しくないといわれる。もちろん、こうした偽薬の投与には、効いたのかどうか、判定の科学的な根拠の問題だけでなく、患者に知らせずに行うことの是非という倫理的な問題も含まれる。

このような「偽薬」の効能の問題は、経済政策の有効性の問題と類似した面があるといえる。金融を極端に緩和しても、利子率をゼロレベルに低下させても、将来収益に対する悲観的な見方が市場を支配している限り、企業の投資活動は活発にならないだろう。異次元緩和は、通常の経済政策では投資や消費を喚起できないという悲観的な考えを人々が持っているため、政策がエスカレートしていった結果とも考えられる。「この政策は効かない」と人々が思い込んでいるために起こる、「プラセボ効果」と反対の「ノセボ効果」によるものだ、という論もあながち荒唐無稽とは言えまい。

一般に、薬剤を投与されているという心理効果によるバイアスを避けるために、患者にも医師にも薬や治療法の性質を不明（blind）にして、その薬を評価することも行われている。対照実験（control experiment）では、効果のない偽薬を投与するグループと、新しく開発された薬剤を投与するグループとに分けて実験し、偽薬効果を排除するという方法が採用される。一般には、前章で触れた「ランダム化比較試験」の方法が採られる。経済学で用いられるこの手法に近い実験法についてはすでに言及した。

しかし政治学はもちろん、経済学においても、こうした実験環境を整えることは多くの場合困難だ。ただ金融政策や財政政策を打ち出す場合、国民がそれを事前に知っている場合と、突然政策が打たれた場合とではその効果が異なることは十分想像がつく。国民が政府や日銀の行動を予見したり、織り込んで行動したりできれば、その政策効果が薄れることは避けられない。

自己実現的予言とは何か

「思惑」「期待」「信念」が、現実そのものを大きく変えていくという点についてはすでに触れた。その際、「思惑」は現在の事実そのものではなく、事実をどのように把握しているか、その把握に基づいて将来をどのように予想したのかが、「思惑」の重要な形成動因であると指摘した。

しかし、この予想の機能は、次に現れる事実を言い当てるか否かにとどまるものではない。予想自体が出来する現実を変えるだけでなく、予想そのものを実現してしまうような現象も起こりうる。言い換えれば、信じる、予測する、予言することが、予言した事象そのものを実現してしまうという現象である。自己実現的期待（self-fulfilling expectations）、あるいは自己実現的予言（self-fulfilling prophecy）と社会学で呼ばれる現象である。人がある状況を現実的だと考えれば、それが結果（帰結）において現実のものとなる現象を指す。端的に言えば、「結果は、予想次第」ということになる。

自己実現的期待については拙著『経済学に何ができるか』第3章「インフレーションの不

安」で例を挙げて概略を説明した。ここでは、別の例として、社会学者のロバート・マートン（1910〜2003）が挙げた銀行の取り付け騒ぎ（bank run）のケースを紹介したい。今世紀の最も優れた社会学者のひとり、マートンは彼の主著であり社会学の古典的名著『社会理論と社会構造』において、この「予言の自己成就」という用語を用いた。

マートンは、まず米国社会学界の長老、ウィリアム・トーマス（1863〜1947）の基本定理（Thomas Theorem）「もしひとが状況を真実《リアル》であると決めれば、その状況は結果においても真実《リアル》である」を取り上げる。ちなみに、トーマスのもう一つの重要な定理「もし人々が誰かを偉大だと見れば、その人は偉大だ」も政治学的には重要な命題であろう。ただ、マートンはこの「トーマスの定理」自体は格別新しいものではないとも指摘している。ボシュエ、マンデヴィル、マルクス、フロイト、サムナーなどの著作や思想にも見いだされるからだ。つまり、人間は、単に状況の客観的な諸特徴に対して反応するだけでなく、自分にとってこの状況が持つ意味に対しても、反応するものであり、しかも後者に対する反応の方が、時には重要なことがある。予言したこと、信じたことが現実に実現するという「適切な事例」としてマートンは銀行の取り付け騒ぎを挙げる。

銀行の取り付け騒ぎのメカニズム

銀行の業務は、顧客が預けた預金を、貸し出しと投資（loans and investment）に振り向け収益を得ることがその根幹である。「貸出利子」と投資から得られる収益が、預金者に支払う「預入利子」を上回る限り、銀行はその業務を安定的に継続していくことができる。

銀行は預け入れられた預金額のすべてを現金の形で保有しているわけではない。銀行は顧客が預け入れた預金総額の一定割合を予備金（reserve）として、現金での引き出し用に準備している。通常は、引き出すために銀行に来る顧客の数は、預金者全体の一部に過ぎないから、預金総額の一定割合のみを現金として準備している。したがってもし、銀行が営業を停止するなど、自分の預金を払い戻しできないような事態が発生すると信じて、一時に多数の顧客が預金の引き出しに押し寄せて来たら、もはやその要求にすべて応じることができない。一旦、推進力（momentum）を獲得すると、どんどん顧客が現金引き出しに走り、結局デフォルトが起こり、取り付け騒ぎは現実となるのだ。

取り付け騒ぎの恐ろしいところは、その金融機関が「危ない」という情報が全くのウソやデマでも、取り付けの自己実現的プロセスが進行することである。言い換えれば、預金者がたとえいかに合理的かつ冷静で、「その噂は全く真実でない」と理解していたとしても、「ほかの預金者がその噂を信じている」と分かれば、銀行に駆けつけて預金を引き出すという行動に出る。つまり一旦このプロセスが動き出すと、銀行に走ることが極めて「合理的」な行動になるのだ。

マートンは、集団行動によって起こる社会現象、個人（ミクロ・レベル）の意図と全体（マクロ・レベル）の帰結の乖離に関する理論的枠組みを示した点で、「社会科学」における根本的な貢献をしたといえよう。彼は１９３６年の論文"The Unanticipated Consequences of Purposive Social Action"で、人間の行動は、広い範囲において計画した通りの結果をもたらさないことを明らかにしつつ、カール・マルクスの予見についても次のように述べている。

マルクスは、近代社会への移行は、少数者への富の集中を招き、社会の大多数は貧困と悲惨を味わうようになると予測した。この予測は社会主義運動を引き起こし、国によってはそれゆえ経済発展が停滞したこともあった。マートンはこのような「予測が予測内容の不成立を招く」という関係は「自己実現的予言（self-fulfilling prophecy）」と逆の現象、「自滅的予言（self-defeating prophecy）」と呼んだ。

労働市場における雇用差別にも、この自己実現的期待のメカニズムが働くことはすでに前章で指摘した。雇い主は「女性従業員はすぐ辞める（離職率が高い）から教育訓練投資をしても引き合わない」と考える。その結果、女性従業員に将来のキャリア形成に必要なＯＪＴの機会を経営側は与えない。他方、女性従業員の方は、「雇い主がＯＪＴをはじめ、十分な教育訓練投資をしてくれないので、将来のキャリアパスへの見通しが立たない」と考えて退職する。このような相互の行動についての予想のもとに、雇い主も女性従業員も、互いに相手の「予想」通りの行動をとり、双方が相手の予想を裏書きしてしまっているのだ。この言わば「低水準の均衡」から抜け出るためには、最悪の場合、女性従業員の離職率が男性従業員と大差のない水準まで低下するのを待つしかない、ということになる。

3 熱狂が社会を変える？

個人の動機と社会全体の帰結

米騒動や銀行取り付けで論じたような経済現象だけでなく、一般に社会現象について考察する場合、行動主体の意図とその行動がもたらす結果を分けて考える必要がある。社会で生起する事象にはこの意図と結果のくいちがいを示す例が少なくない。政府の経済政策が、その意図とは異なる帰結を生むこともある。例えば、急速な工業化によって都市に流入した労働者の生活費の軽減を目的として、いくつかの国では地方政府が都市部の住宅家賃を統制する政策（rent control）を打ち出したことがあった。しかしこの介入政策は、低い家賃収入しか得られない家主から住宅の質を改善するための投資意欲を失わせた。その結果、住宅を劣悪化させ、都市の一部がスラム化することにもつながった。

個人の意図と社会全体の結果という関係で見ると、古典的な例として、バーナード・マンデヴィル（1670〜1733）の「私的な悪徳は公共の利益」という言葉、あるいはスミスの「正義のルールを犯さないで、個人がそれぞれ私的な利益を追求すると、知らず知らずのうちに社会全体の厚生が促進される」という命題などは、近代の経済科学の誕生を告げる「社会」の発見であったとも言えよう。社会とは、単に個人を足し合わせたものではないという認識である。

こうした「社会」の発見にとどまらず、社会研究者が十分に意識してこなかった「意図と結果」のくいちがいの問題は、現代の産業化社会にも多々存在する。なじみ深い現象として、不況（depression）やインフレーション（inflation）が挙げられよう。不況もインフレーションも、誰かが（あるいは各人が）低い所得、あるいは物価の高騰を望んだから発生するわけではない。個人の行動と全体の結果との間に、何らかの悪循環をもたらすメカニズムが存在しているから生まれる。銀行による信用創造、あるいは先に解説した銀行の「取り付け騒ぎ」、「バブル」と呼ばれる市場の崩壊現象も、頻繁に起こるわけではないが、その具体例といえる。

個人（ミクロ）の意図とは独立に、全体（マクロ）として固有に観察される現象についての研究をいくつか類型に分けて考えてみたい。（1）相互に依存し合ったミクロの行動の全体的な状態が臨界点を過ぎると、全く異なった局面(phase)に突入するような現象、(2)個人の好みや感情のわずかな偏りが、相互依存関係を想定しなくても、全体として、より強調された形で現れるようなケース、(3)個人にとって、ある外的な条件が同一化・徹底化するに従い、別の条件が侵食され、結果としてもとの外的条件も損なわれるというケースである。この(3)は条件相互間の両立性の問題とも捉えられる。重要な例は、デモクラシーにとって最も基本的な平等と自由という価値を両立できるのか、言い換えると、「平等の条件」が徹底されるに従い、「自由の条件」が侵食され、その結果、不自由のみならず不平等も生まれるというパラドックスである(Inoki, 2008)。

(1)と(2)は、重なり合う部分、相互に判別しにくいケースもある。(3)の自由と平等の両立可能性は、思想史的な問題、あるいは社会研究の枠組みだけでは論じられない大きなテーマであるので、ここでは扱わない。

クリティカル・マス(臨界質量)という考え方

個人の行動が、他者のそれに強く連動している場合、集団全体の動きを示すパラメーターがある閾値《いきち》を超えると、全体が突如異なった局面《フェイズ》に突入する場合がある。社会現象が、群集心理(mass psychology, mob psychology)によって動かされる場合があることを考えれば、このような現象の持つ意味は小さくない。何が進行しているか表立っては見て取れないようなときでも、ある変量が一定の臨界点に達するや否や、全体が大転換を来すことがある。

転換が起こるために必要な数量は臨界質量（critical mass）と呼ばれる。突然の転換現象を説明する理論は、この物理学の用語を借用したクリティカル・マス・モデルと名付けられる。核分裂物質を集積していくと、ある集積量を超えたところで内部の核分裂反応が臨界状態に達する。その最小量を、核物理学では臨界質量と呼ぶからだ。

このモデルを社会現象に適用したのは、米国の社会科学者トーマス・シェリング（1921～2016）であった。『ミクロ動機とマクロ行動』（*Micromotives and Macrobehavior*）でシェリングの挙げている「消えゆくセミナー」（dying seminar）の例は分かりやすい（Schelling, 1978）。

大学で共通の問題関心を持つ研究者25名が、定期的に開かれる研究セミナーを新たに組織したとする。第一回のセミナーには4分の3以上が出席した。どうしても予定の調整のつかない4分の1のメンバーが欠席しただけである。しかし回を重ねるごとに出席者は減り、3、4回目あたりから半数程度になる。やがて突然5、6人となり、最後はこの5、6人が合意して、あるいはやる気を失った世話役が次の会合の手配をせずに、研究セミナーは消滅する。

こうした現象は、人々がほかの人々の出方に依存して行動する場合にしばしば起こる。

「十分な数の人々が出席するのなら自分も出よう」と考える者が多ければ、欠席者の数が臨界点を越えた段階でセミナーはあっけなく消滅する。皆そのセミナーに同じように関心を持っていたにもかかわらず消滅するのである。当初、全員が目指していた「共通の関心を刺激し合い、全体の研究を向上させる」という共同利益を実現する機会は失われる。

個別主体の持つ特性（attribute）が一定水準に達しないと、全体的な変化が起こらないという現象は、現実の経済の世界でもしばしば観察される。教育の普及と経済発展の関係のメカニズムを示す境界（thresholds）仮説もその一つだ。教育は、一定程度蓄積され、全体に浸透してはじめて生産性向上につながる。識字率がある程度高まらなければ、識字を前提とした社会システムが導入できないことなどはその例である。

類似のモデルとして、一国経済の各部門が、いずれもその部門だけでは工業化の採算がとれない場合でも、その経済のほかの多くの部門が同時に工業化すればすべてを利する方向へ動く現象を説明する「ビッグ・プッシュ」理論が挙げられよう（Rosenstein-Rodan, 1961）。国内市場が小さく、貿易が自由でなければ、企業は規模の利益を生かした生産ができない。こうした環境が「工業化」を妨げている、という視点から「ビッグ・プッシュ」の理論は生み出された。一つの部門の工業化が、他部門の市場規模を拡大させるという効果は大きい。またこの理論は、政府が刺激を与えうる部門間の投資の連携的調整（coordination）が、工業化にとって本質的に重要だという点を示唆している。一つの部門が低レベルのままにとどまっていると、工業化の進展の局面に入ることができないが、その部門がある水準（臨界質量）に達すると、一挙に工業化が進み始めるのだ。

相互依存のない状況で、ささやかな好悪が極端な結果を生むケース

個人個人のささやかな好み・選択が、集計されたマクロの現象として驚くべき極端な結果をもたらすというケースがある。シェリングが、"Dynamic Models of Segregation"で例として論じているのは、米国における人種ごとの「住み分け」（segregation）現象だ（Schelling, 1971）。白人と黒人それぞれが、特段強い差別意識を持っていない場合でも、自分が居住する近隣には同じ人種が「少し多め」の方がいいとする感覚を持っていれば、結果としては明確な「住み分け現象」が起きてしまうことを論証した。つまり、個人が、「どの人種をどれほどの割合で隣人として持つことを望むか」に関して、かすかな好悪を持てば、結果としては人種ごとの完全な住み分け状態が生まれることをシミュレーションによって視覚的に示したのだ。

このモデルでは、各人が自分の好みだけで選択をする。誰も「他人の動きを予想して動く」ことがない状況でも、こうした現象が起こるとした点が重要だ。個人の根本の動機が極

端でなくても、観察しうる全体の動きは極端になる場合があるのだ。

日常生活の具体例

先に挙げた「臨界質量（クリティカル・マス）」に関して、私たちが日常しばしば経験するのは、横断歩道で信号待ちをしている人々の行動だ。信号がまだ赤であるにもかかわらず、性急な人々は、青に変わるのを待たずに横断しようとする。横断し始める人々の数が十分だと判断したとたん、信号の色が赤であっても多くの人々が横断を決行する。文字通り「赤信号、みんなで渡れば怖くない」というわけだ。この例は、「他の人々の出方に依存して自らの行動を選択するような状況」では、全体の秩序が崩壊しやすいことを示している。こうしたクリティカル・マス・モデルが記述する現象は、社会にとって公共的な利益を毀損《きそん》する方向に作用する場合がある。

この種の現象は、個人の動きが社会全体の動きにいかに影響されるのかという問いとして分析できる。「周囲の人の何パーセントが一定の行動をとれば、その個人も同じ行動をとるのか」という選択の形に定式化できる。先に述べた核分裂物質の場合と類比的に捉えるのだ。

この「何パーセントが一定の行動をとれば」という「反応曲線」を実際に測定する研究も存在する。高木英至《たかぎえいじ》はこの反応曲線（reaction curve）を「テレビ番組」の選択と「服装」の選択に関する質問項目を用いて推定している(「限界質量モデルの反応曲線の推測」『埼玉大学紀要 教養学部』)。

多数に同調するのを嫌う傾向(ユニークネス)を示す回答者もいる。高木の調査では「もし、あなたの周囲の人の多くが観ていれば自分は観ないということがあれば、何パーセント以上なら自分は観ないかをお答えください。思いつかなければ記入しないで構いません」という項目も立てている。「服装」に関する質問では、ユニークネスの傾向を持つ人のパーセンテージが確かに高い。そして実際にある行動を採用する者のパーセントが高くなると、同じ行動をとる率が低下する(ユニークネスを求めるものがいる)という結果も出ている。低下が始まる点は、採用率45%あたりである。言い換えれば、45%以上の人が同じ服装をし出すと、人はその服装をもはや身に着けなくなる。これは多くの人が採用し始めると、「バスに乗り遅れるな」と同じような行動に走りがちな「投機」の場合とは違った行動パターンの例である。

高木はこうした調査結果から、問題によって反応曲線は異なるものの、ある種の問題には、確実に「マイクロな動機づけはマクロな集計結果である反応曲線に関連づけてはじめて、社会現象の説明に結びつく」という結論を得ている。この研究は、マクロの反応曲線があるレベル(臨界点)に達すると、ミクロ(個人)の行動がそれまでとは逆方向へと反転するケースである。

しかし経済行動では、一般に熱意が集団的に煽られ、全体として熱狂や破裂を起こすケースが多く見られる。歴史を振り返ると、熱狂的な個人崇拝や行き過ぎた投機熱が社会秩序を崩壊させた例は少なくない。そして注目すべきは、こうした熱狂と破裂が、終息を迎えた後に社会的風土や政治体制を転換させる場合があることだ。

歴史的事例1――ジョン・ローのシステム

集団としての人間が熱狂的な行動をとった歴史的な事例は、すでに19世紀の半ばにチャールズ・マッケイ（1814〜1889）によって集められている（マッケイ『狂気とバブル――なぜ人は集団になると愚行に走るのか』）。同書の中から多幸症（euphoria）とも呼ぶべき二つのバブル現象と、それがもたらした社会的帰結について簡単に述べておこう。

ジョン・ロー（1671〜1729）の事業として有名なミシシッピ計画（The Mississippi Scheme）は、18世紀初頭にフランス国営企業のミシシッピ川周辺の開発・貿易計画が、今日で言うところの「開発バブル」を引き起こした事件である。ジョン・ローは倒産寸前のミシシッピ会社の経営権を入手したのち、1716年に国王からの免許状を得て設立した「王立銀行」も所有し、大量の不換紙幣を発行させ、ミシシッピ会社の好況を宣伝してその発行株価を40倍にまでに暴騰させた。フランス政府から北アメリカと西インド諸島との貿易独占権も手に入れ「インド会社」とし、巧みな宣伝活動によって「インド会社」の株式に対しても猛烈な「投機買い」を発生させて株価を暴騰させる。しかし結局1720年夏に「破裂」が起こり、株価は急転直下の大暴落、ローは、フランス国外への逃亡を余儀なくされる。不換紙幣の(コントロールされることのない)無制約な供給が、バブルを生むことを示す重要な歴史的な事件となった。

アダム・スミスやヴォルテールなど多くの著作家がジョン・ロー論を展開している。ジョン・ローと同時代人で、『ロビンソン・クルーソー』で有名なダニエル・デフォーも、1720年に発表した *The Chimera: Or, The French Way of Paying National Debts, Laid Open*(キマイラはギリシャ神話に登場する怪物で、一般には「妄想」を意味する)と題する論考で、ローの人生を皮肉りつつ、ミシシッピ・スキームを手厳しく批判し、そのジャーナリストとしての才を遺憾なく発揮したようだ(ちなみに『ロビンソン・クルーソー』は、経済と社会を学ぶ上での貴重な入門書である)。

また、デフォーは、1665年、ロンドン市中で7万人以上の死者を出したペスト流行についても、フィクション仕立てで、*A Journal of the Plague Year*(『ペスト』)を刊行している。伝染病の蔓延は疫学的現象であり、個人の行動によって起こる金融や資産市場で起こるバブルとは性質が異なる。しかし疫病の蔓延が社会にもたらす影響や結果と、ある種の類似性が見られる。1665年から1666年に18か月間続いたロンドンの腺ペスト（bubonic plague）は断続的に数世紀にわたってヨーロッパで発生していた疫病の流行の一つであった。ロンドンの外に住居を持ち、郊外へ逃げることのできた富裕階級と、ロンドンから脱出できなかった貧民層とでは死亡率が異なった。この疫病が終息したと思われた時期に、ロンドンは「大火」に見舞われる。その結果、腺ペストでロンドンの人口は3割減少、木造建築がほとんどであったロンドンは大火で文字通り焦土と化した。復興の過程で、改めてロンドン再建の都市計画が策定され、木造建築の禁止や道路の拡幅が立法化された。

歴史的事例2――南海泡沫事件

もう一つの有名なバブルとして、南海泡沫事件（South Sea Bubble）がある。南海会社は1711年に、スペイン領中南米との奴隷や商品の取引を目的として英国トーリー党の大蔵卿ロバート・ハーレーによって設立された。その背後には、スペイン継承戦争の戦費調達で膨れ上がった国債を南海会社に引き受けさせて低利債へ転換するという目的があった。南海会社は1713年のユトレヒト条約で、スペイン領への奴隷の独占的供給権を得た。さらに南海会社が、熾烈《しれつ》な入札競争によって東インド会社とイングランド銀行を押さえてほとんどすべての国債を引き受けることを議会が認めたため、南海会社の膨大な利潤を予想するものが続出し、同社の株価が急騰する。しかし密貿易が跋扈《ばっこ》、スペインとの関係も悪化し海難事故も多発したため、国債引き受けはもとより、利益が全く上がらないことが判明して1720年に同社の株価は大暴落するのである。

この事件も、意図せぬいくつかの結果をイギリス社会にもたらした。一つは、一般からの資金調達による株式会社という事業形態には「公正な第三者」による会計記録の検査が必要であると認識され、公認会計士制度と会計監査制度の誕生のきっかけになったこと。いま一つは、この事件の事態収拾にあたったロバート・ウォルポール(1676~1745)は、国王ジョージ一世からホイッグ党の指導者として絶大な信頼を勝ち得、長く第一大蔵卿として政権を担当し、イギリスにおける「議院内閣制」の基礎を築くことになったことである。

もちろん、日本に関しても、こうした群集心理がもたらす社会現象は少なからず発生している。江戸時代に数回起こった「お蔭参り」と呼ばれた伊勢神宮への数百万人の集団参詣、幕末期(1867~1868)に集団で町々を「ええじゃないか」と連呼して踊り狂った「ええじゃないか」などは歴史事例として知られている。

優れた理論家の犯しがちな過ち

これまで、期待（予想）や思惑の分析の難しさ、ミクロの動機とマクロの結果の乖離、情報に根拠がなくても集団行動に雷同した方が個人にとって「合理的」な場合があることなどについていくつかの歴史事例を示した。こうしたケースはわれわれに何を教えているのだろうか。

それは、社会科学はその理論構造が堅固であればあるほど、その政策的な適用には注意が必要だということだ。本書でたびたび、経済学と経済政策（特に経済政策への提言）は、必ずしも直接には結びつかないと論じてきた。両者は「ゆるい関係」にしかない。経済学を身につけた者は、そうでない者よりも経済や経済学についての知識や理解は豊富で確かなものであろう。しかしそれでも完全な理解からは程遠い。特に経済や政治だけでなく、人々の心理、特に集団心理は、どういう動きを見せるのか予測できないことが多い。その点からも、理論が教える「定理」自体をそのまま不確実性に満ちた現実の政策論議に援用することには慎重でなければならない。

複雑な経済現象を理解するためには、「事実」と「人々が事実だと信じていること」の把握と、論理的に（つまり筋道を立てて）考える力が必要だ。しかし、論理的な筋道を立てるという作業だけでは、単なる「骨」か「柱」だけの建造物の構造を論じているに過ぎない。それだけでは生きた人間が「人間として気持ちよく使える建物」にはならない。論理以外の美しさ、精神的な無形の要素の考慮も不可欠だ。人間として気持ちよく住める建物は、善き生活のための善き経済政策に対応する理念であり、「骨」や「柱」は経済理論に相当すると考えてもよいだろう。

柱だけの家に住めないのは、文法だけを（例外の例外まで）学習しても、外国語をマスターしたことにはならないのに似ている。言語の例に引き寄せて言うと、文法に当たるのが経済理論であり、読む、話す、書くといった実際の言語の「使用」「運用」に関わる力が経済政策であろう。外国語として言語を学ぶ際、文法の理解が不可欠なことは言うまでもないだが、それだけでは不十分なのだ。

ここで思い出されるのは、ケインズとほぼ同時代の優れた経済学者、アーヴィン・フィッシャー（1867〜1947）の理論家としての卓越性と予想家としての失敗である。フィッシャーは、効用理論、利子理論、金融論、課税理論など経済理論の様々な分野の発展に多大な貢献をした。同時に、ジャーナリズムにおいてもしばしば発言し、具体的な経済政策の提言や健康増進の社会運動にも力を注いだ。理論知に秀でているだけでなく、実践の人でもあった。

フィッシャーの偉大な学者としての評判を傷つけたのは、1929年10月の米国における「株価の大暴落」をめぐる彼の現状分析と予測の大失敗であった。実際の暴落が起こる10日ほど前には、「株式市場は、恒久的な高値のプラトーにある」と公言し（*New York Times*, Oct.16）、株価がジグザグを示しても「さらに上昇する可能性さえある」と指摘する。10月23日の銀行協会でも、ほとんどの証券価格が膨張しているわけではない（not inflated）と発言した。そして実際に大暴落が起こった後も、数か月にわたって、「回復はもうすぐだ」と投資家たちに伝え続けた。もちろん、大恐慌が長期化し始めてからは、デフレが負債（debt）の実質価値を上昇させ、不払いと倒産の連鎖を生み出して米国経済を苦境に陥れると警告を発してはいるのだが。

こうしたフィッシャーの株価予測の確信的な発言は、彼自身の保有していた株式の資産価値を下落させただけでない。経済学者としての評価さえも不当に貶《おとし》めることになる。彼のデフレ理論がケインズの経済学に比肩しうるほどの研究内容であったにもかかわらず、その学問的価値が再評価されるまでに、50年近くの年月を要したのは不幸なことであった（吉川洋「I・フィッシャー「英雄時代」の最後の巨人」『経済学　41の巨人』）。フィッシャーをめぐる経済学史上のこのエピソードは、理論という認識知と経済政策という実践知が決して単純な関係にはないことを改めて教えてくれる。

第5章　歴史は重要だ（History Matters）ということ

1　現在だけを見て全体を論ずる勿れ

歴史をよく知る

事物や状況を理解するには、その経緯や歴史を知らねばならないとしばしば言われる。なぜか。ある事物が（個人、社会制度はもちろん、慣習も）現在そのような仕方で在ることは、過去の多数の出来事や時間の経過が作用した結果と考えられるからだ。したがって現在の在り方を理解し変えようとする場合、その変革が真の「改善」をもたらすためには、過去に影響を与えてきた多数のファクターを知る必要がある。

モンテーニュ（1533～1592）は『エセー』の「習慣のこと及びみだりに現行の法

規をかえてはならないこと」（第一巻第二十三章）で次のように述べている。「習慣は長いあいだの中絶があっても、それが一たび我々の感覚の上に与えた印象の結果は、何時までも残しとどめるということである」「一つの政体はいわばいろいろな部分が緊密に結合してでき上った建物のようなもので、全体がその影響を感じないようにその一部分を動かすことは、とうていできないからである」とし、「人間の知識はどんなに深くても、それは現行の習慣を説明し応用するのに役立つだけで、決してこれを改革するのに役立ちはしないのだ」と言う（『随想録』）。

これは進歩の可能性を否定する、ひどい保守主義だと読み違えてはならない。モンテーニュは改革を全否定しているのではなく、よくその経緯を知らずに「みだりに現行の法規をかえてはならない」と言っているのだ。この主張は日常の経験ともかなり合う。異動してきた部局の新しい長が、これまでの経緯をよく調べずに、その職場の仕事の進め方は「無駄が多い」「合理的でない」と指摘し、「改革だ、改革だ」と力むことがあるのはその例だ。こういうタイプの長には、概して人騒がせなだけの人が多い。

ある事物なり制度が、「今、なぜそうあるのか」を理解するには、それがなぜ生まれたかという「発生（genesis）」と、なぜそのような「形態（morphology）」に変化してきたのか、その外的条件の変化を問う必要がある。だがこの問いに明快な答えを与えることは、ほとんどの場合不可能に近い。

古いからよいのでも悪いのでもない。素朴な言い方をすると、何事もその歴史をよく知るのが大事だということに尽きる。過去の要因が、慣性（inertia）の力で現在の在り方を規定していることもあろう。しかし逆に、歴史を振り返ると現在の慣行や制度が古くから存在したわけではなく、意外に新しいことに驚く場合もある。目に見えない制度ではなくて、目に見える具体的な儀式のようなものでも、現代の形式が、昔から寸分違《たが》わず継承され執り行われて来たわけではなく、意外に新しい要素が取り入れられて変化したものもある。われわれが、単に「古くからある」と思い込んでいる場合もあるのだ。

例えば、２０１９（令和元）年10月22日に執り行われた皇位継承の大儀式の一つ、「即位礼正殿《せいでん》の儀」（広く内外に即位を披露する儀式）も、古来、同じ形式が厳守・継承されて来たわけではない。専門家の解説を聞くと、かなり大きな変化があったことが分かる。もともとは極めて地味な儀式であったという。しかし遣隋使・遣唐使などにより中国の皇帝の即位式についての情報がもたらされた7世紀に入ると、日本の新天皇も中国風の派手派手しい色の服装をまとうようになり、その形が長く続いた。

ところが明治維新によって様相が一変する。現在のような和風と洋風をとり交ぜた形に変化するのだ。「王政復古」以後の明治新政府における平田派神道の影響によって、唐風《から》を改め、天皇は中国服ではなく、衣冠束帯に変わったのである。さらに明治末にはヨーロッパ王室に倣い、即位の礼には皇后も参与するようになった。天皇が「高御座《たかみくら》」、皇后が「御帳台《みちょうだい》」に並び立つ現在の形式になったのは昭和天皇の即位礼からだという。その厳かさに、つい、日本の天皇の「即位式」ははるか昔からあのような形式であったと思い込んでいた人は少なくなかったのではなかろうか。

安易な一般化を避ける

いずれにせよ、その由来や過去を調べることによって、「今、なぜそうあるのか」をある程度理解することができる。しかし言うまでもなく、事物なり制度が「なぜ時間とともにそのように変形したり、しなかったりしたのか」という問いへの答えは容易に得られるものではない。

ただ、歴史を知っておくことは、少なくとも二つの点でわれわれを怪しい通説や俗説から救ってくれる。一つは、(1)現在の姿を、理性が説明しうる「合理性」だけによって単純に解釈するのではなく、その複雑かつ曖昧な要因にも目を配ろうとする姿勢を生むこと、もう一つは、(2)「歴史的に(例えば、日本は、日本人は)常にこうだった」という誤った思い込みや、思いつきの推論に陥らないように、より正確に過去を知ることの必要性を自覚させてくれることだ。歴史的な要因が大きい場合もあるし、それほどでもない場合もある。歴史的要因の作用や影響力はケース・バイ・ケースであろう。重要なのは、歴史を知れば、安易な一般化の危険を避けられるということだ。

国民性の類型化やいわゆる文化論の中には、ほとんど「結論先取りの思い込み」によって展開されるものがある。論理学でいう「論点先取（Petitio Principii）」の誤謬である。証明すべき命題が前提の一つとして使われているケースである。現在こうなのは、昔からこうなのだと思い込むこと、過去にこうであったから、今も常にこうなのだ、というのもこれに類した推論であろう。

具体的な例として、日本の組織における人材の選抜と昇進の仕組みは、江戸時代の内部昇進と組織内競争の変容したものなのか、そこにはどのような合理性があるのかが挙げられる。特に日本が急速な経済成長を遂げた１９６０年代、70年代には、日本社会の中にその「成長の奇跡」を解く秘密のカギがあるのではないかという日本特殊論に注目が集まり、多くの日本文化論が展開された。日本企業で働く人たちは、「終身雇用」「企業別組合」「年功序列」という特殊な雇用慣行のもとにあると主張されたのだ。

しかし日本企業の様々な制度や慣行の中で、人材育成の方式を諸外国と比較すると、こうした特殊論とは必ずしも一致しない点が検出されるようになった。ここでは次の二点を意識しながら振り返っておきたい。一つは、よく「日本的」という形容句をつけて日本企業の特質を論ずることがあるが、信頼できる統計や資料、聴き取り調査によって日本の実態を見る必要があること。もう一つは、言うまでもないことだが、何が日本の特徴であるかは、世界の相場がどうなのかを知らねばならないこと。諸外国との比較において、はじめて日本の特質が浮かび上がるからだ。

一般に流布していた不正確な通説として、日本の労働者は「終身雇用」制度のもとにあり、企業への忠誠心が強く、離職・転職をしないとしばしば語られた。「文化」を調べるには、実際の慣行として、具体的に観察できるものを見ていくよりほかはない。なぜなら、忠誠心という定義しにくい意識や考え方を直接テストすることはできないからだ。意識や考え方の「内容」が制度や慣例として一定の「形式」をとったとき、その「形式」を信頼できるデータを用いてチェックすることが「文化」を論ずる際には欠かせない。

日本は終身雇用？

「終身雇用」という概念をめぐる問題を取り上げてみよう。誰も生涯にわたって雇用が契約によって保証されているわけではないから、「終身雇用」という言葉は学問的な分析に使える概念ではない。勤続年数、定着度など、結果としてある程度量化しうる概念を使うべきであろう。したがって、日本では労働者が同一企業に定着する傾向が強いか否か、という問題に帰着する（以下の本節の説明は拙著『学校と工場』を参照されたい）。

従業員の平均勤続年数の世界の相場から見ると、必ずしも日本が特異な位置にあるわけではないことがいくつかの調査で次第に明らかになった。OECD（経済協力開発機構）の*Employment Outlook*（1993）でも、大陸ヨーロッパの労働者の同一企業への定着度や勤続の長さが、日本に極めて近いというデータが示された。米国、オーストラリア、カナダ等の移民で成立したアングロサクソン系の国が比較的定着度の低い（流動性の高い）国として一方の端にあり、その逆の端にあるのが、日本およびフランス、ドイツなどの大陸ヨーロッパの国々であることが明らかになった。日本と米国は両方の端（いわゆるpolar case）にあり、日本と米国を比べると、日本は確かに長期雇用の国であるといえよう。ただ、日本と米国を比較した相対的な差を、そのまま日本対「世界」の議論に持っていくことはできない。

日本では、新規学卒者は入職した企業にそのまま定着するわけではないことも明らかになってきた。雇用保険データを用いて「新規学卒で入職した若者が、入職後3年間で最初の企業をどれくらい辞めているのか」を見る。1990年代までを調べると、中卒は男女平均で約3分の2が離職、高卒は約4割、大卒男子は約2割、大卒女子は4割強という数字になる。この割合は、景気の浮沈によって多少上下するものの、1960年代から1990年代までほぼ安定した値を示している。このような数字を見ると、日本の「終身雇用」論が、全体をよく観察した結果生まれたものでないことが分かる。2、3年の試行錯誤の時期を経てから定着している者が少なくないことが分かる。

　日本の長期雇用は、明治以降の一貫した雇用慣行であったわけではない。1920年代・30年代に内務省の社会局・警保局がいわゆるブルーカラー労働者がどれくらい移動しているのかを調べた統計「職工移動調べ」によると、1920年代、熟練工が大変不足した時代には移動率が極めて高く、当時の米国以上に高い数字を記録している（中馬宏之「〝日本的〟雇用慣行の経済合理性論再検討」）。大阪市立中央職業紹介所『勤続状況に関する調査』は、1918年2月から同職業紹介所を通して就職したものをすべてに関して、1925年12月、26年6月、26年12月の3回にわたって勤続者と退職者の数を把握している。1920年代前半は、退職者は7割以上、その後20年代後半からようやく4割くらいのレベルに落ち着く（猪木武徳「勤続年数と技能」）。

　戦後についても、いわゆる高度成長期の離職者、入職者の割合を見ると、現在よりもはるかに高い数字が記録されている。「期間の定めのない労働者」（「臨時工」とか「パート」などを除いたいわゆる「常用労働者」）でも、男性の年離職率は17%ぐらい、女性は30%。それが第一次石油危機以降低下し、男性が1割、女性が2割というレベルに落ち着いた。実際、長期雇用と呼ばれる雇用慣行のもとにあった労働者は、日本の雇用労働者全体の2割にも満たない、従業員数５００人以上のいわゆる「大企業・中堅企業」の労働者であった。

江戸時代の奉公人の選抜と昇進

「終身雇用」論は、歴史的にこういうケースがあったから、という漠然とした知識に基づくものが多く、それがどれほど一般的な現象なのかについての検討を経ていない。

確かに、江戸時代の商家には、内部昇進を中核とする選抜と昇進のシステムがすでに形成されていた。17世紀末、三井、住友、鴻池《こうのいけ》といった豪商のもとで働く奉公人はかなりの数にのぼった（元禄《げんろく》期の全大坂の推定人口33万人のうち、25パーセントほどが下男・下女であった）。豪商は家憲や家訓を制定し、昇進、昇給、「暖簾《のれん》分け」といった制度で奉公人を教育・訓練し一人前に育て上げていた。

その慣行が明治以降の雇用制度の近代化の過程で、いかに変容していったのかに関して、千本暁子《ちもとあきこ》の一連の研究がある（千本暁子「内部労働市場の形成と継承――三井における人材育成と長期雇用」伊丹・加護野・宮本・米倉編『日本的経営の生成と発展』）。千本は、三井を事例として、奉公人の一元的な人事管理の特質を論じ、奉公人がどのように知識と技能を獲得していったのか、そして競争プロセスの中でいかに選抜され、最終的にエリート奉公人の長期雇用が実現したのかを明らかにしている。

江戸時代の商家の奉公人の選抜と昇進は概略次のような形をとった。奉公人は主人の出身地など同郷の者が多いが、農家からの親類・縁者が主流を占めていた。まず十一〜十三歳で奉公して「丁稚《でっち》」となる（職人の家では弟子、徒弟と称した）。主人のお供、子守、ふき掃除などの家内の雑役が主な仕事であった。十五、六歳になると、半元服といい、はじめて本名の頭一字をとって、これに「吉」あるいは「松」をつけて呼ばれ、商用の使い走り、荷造り、金銭の授受など手代の仕事も手伝わされた。丁稚は無給で、盆と正月に主人から小遣い少しと衣類（いわゆる「お仕着せ」）を与えられたが、酒・たばこは禁じられた。夜は業務の暇に「読み・書き・算盤」と手習いをした。丁稚は十七、八歳で元服し「手代」となった。

手代は一人前の店員であるから、衣食のほかに給金が与えられた。手代の仕事は丁稚の雑役的なものから、次第に番頭の指示で経理・財務的な内容へと広がる。手代の年齢は、十七、八歳から二十七、八歳までの十年間くらいであるが、さらに四十歳近くにまで及ぶようなケースも見られた。この間に、販売、接客、仕入れのやり方など商業技術の基本訓練を受けたのである。

手代以上になると、給金だけでなく報奨金が与えられ、業績による昇進のシステムが存在した。手代を経て最後に番頭に昇進するが、こうした昇進は決して自動的なものではなく、

「登り制度」によって、昇進の見込みのない者は故郷へ帰された（「暇」を与えられた）。

幕府法令では10年以上の年季が禁じられていたので、入店後、七、八年でまず「初登り」が与えられ、その後数年おきに「二度登り」「三度登り」があった。これは、現代風に言うと定期的な人事考課による up-or-out（昇進するか退職するか）のシステムであり、奉公人の間の選抜競争がいかに厳しいものであったかを示している。「二度登り」「三度登り」を終えて「番頭」（中間管理職）になるのは、20人に一人位という厳しさであった（中井信彦「三井家の経営」『社会経済史学』）。昇進する者より「暇」を与えられる者が多く、内部労働市場の能力による厳しい選別が行われていた。選別された「エリート奉公人」は結果として長期雇用になるが、高齢の奉公人には、三井がその能力に応じて、独立を認めて通勤を許す、「暖簾分け」をする、あるいは既存の別家を相続するという「非血縁の別家相続」を認めるなど、複数のキャリアが用意されていた。

この三井の奉公人制度は、明治維新期の社会的・経済的変動期、三井が近代的業種である銀行業へと再編を進める過程で、「使用人」制度へと継承されていく点を知る上でも興味深い。実質面での大きな変化は、すべての使用人を「住み込み」と「お仕着せ」ではなく、通勤制にして給与を支給するという「通勤給料制」になったことである。住み込みでの教育訓練がなくなった結果、採用方法はすでに「読み書き算盤」をマスターしていることを前提に

「学力試験」で人材選別を行うようになったのである。

しかし19世紀も末葉になると、高等教育を受けた人材を外部から導入して、近代的な銀行業務をこなすことのできるビジネスマンを養成する必要性が高まり、採用基準が「試験の結果」や「学力」ではなく、「出身校」や「経歴」を重視するようになる。丁稚奉公制度から学卒者採用政策への移行については若林幸男『三井物産人事政策史１８７６〜１９３１年』の分析が興味深い。

工業化初期は日本でも離職率は高かった

実はこうした商家の奉公人のＯＪＴと内部昇進のシステムは、時間をかけた教育訓練と選抜方法が表裏一体の関係にあるという点で、工業化以後の日本の人材育成方式と酷似している。その意味でも江戸期の商家（あるいは武家、農家、職人）の奉公人の教育・訓練システムは一部現代にも生きているといえる。

しかし工業化初期の段階では、労働者の採用と教育訓練に新しい問題が出来した。企業経営者にとって、いかに従業員の定着度を高めるのかが悩ましい問題となりはじめたのである。第一次世界大戦を通して重工業化が進展した際、労働者、特に熟練工の不足は深刻な問題となっていた。熟練工の不足は企業間の「引き抜き」を激化させる。経営者は労務管理上、いかに従業員の離職を阻止するかという「労働移動防止策」に腐心しなければならなくなった。その折に案出され、あるいは復活された制度が、退職手当金や慈恵的（福利厚生的）施策を勤続年数に応じて提供するというものであった。労働者側にとっても、長期勤続によって形成される技能が、「長い目で見れば」いかに重要であるのかは認識されていた。労働者の勤続が長くなれば、労使双方にとって長期的な生産性を高めることは、現場の状況を知るものには明らかだったのである。

戦間期の労働移動と離職率の実態を示す統計をもう一つ見ておこう。経済不安が深まり、「よりよい職場への移動」は容易ではなかった時期の中央職業紹介事務局の『職業別労働事情』である。機械工業の23工場で月平均３％の高い移動率を記録している。「月平均」であるから、年率に直すと１年間で３人に１人が離職していることになる。経営者にとっては、新たな労働者の募集、養成訓練に多額の費用が必要になる。職種や技能の性格にもよるが、労働者にとっても、これまでの生活習慣と熟練の破壊、賃金の減少、労働災害のリスクの上昇など弊害が大きいとの認識が高まった。

この時期、諸産業で採られた勤続奨励策として、長期勤続者への金員物品の支給はもちろん、勤続加給、休暇の支給や解雇手当を勤続年数へリンクさせるなどがあったが、労働者への足留め策、移動防止策の中心は退職金制度であった。

こうした離職率低下策は功を奏したと見ることができる。それは1933年以降の不況回復期に、重化学工業化が一層進み、労働力不足が再び問題になり始めても、大企業の労働移動率は比較的低い水準にとどまっていたことに現れている。定着率の高まりは、企業内・工場内の従業員の技能向上へと大きく貢献したと考えられる。

2　経路依存性について

経路依存性（Path-dependence）

これまで見てきた日本の雇用の歴史の事例は次のことを教えてくれる。社会現象について一般化された命題、例えば、「日本は終身雇用の国である」「日本の労働者は企業への忠誠心が強い」といった命題は、学問的探求のテーマとしては成立しにくいということだ。時代によって日本の労働者の企業への定着率は異なり、職種や企業規模、景気によっても大きく変動してきた。そして、労働者が定着するという現象は、「企業への忠誠心」という曖昧で不確かな心情によってではなく、長期的に見た何らかの合理的な計算と選択があってはじめて続くと考えられる。長期雇用とそれを生み出している個人の行動の動機は、雇うものと雇われるもの双方に一定の（長期的な観点からの）便益が意識されない限り、一方的な忠誠心や帰属意識だけで長期雇用が生まれるとはみなし難い。

江戸時代の奉公人の人事管理と類似の制度は、近代以降の日本企業内の選抜や昇進の慣行の中に一定程度存在している。物事や制度の歴史的な側面を十分に学んでいないと、観察結果を非歴史的に一般化してしまい、検証できないような「命題」を蔓延させることになる。こうした悪弊に陥らないためにも、現代の問題を現代の観察事実とデータだけから説明してしまうことには慎重でなければならない。

このように歴史を知ることが重要だという認識は、どれほど実践を伴うものであるかは別にして、経済制度の研究者の間でも共有されるようになってきた。現在の状態を説明するのには、現在の要因だけでは全く不十分なのだ。個人のレベルの問題に引き寄せて考えても、現在の自分の状況、考えや行動が、いかに過去に起こった出来事やめぐり合った人から影響を受けているのかを、誰しも実感するはずだ。

ただし「過去に規定されるところが大きい」と主張する内容が、歴史を重視する人々の間で完全に一致しているわけではない。近年の経済史研究では、景気変動や経済の構造変化を、単に一つの運動として「決定論的に」「合理的に」説明することへの反省が見られる。変化には「初期条件」だけでなくある種コントロールのできない「攪乱《かくらん》（perturbation）」が存在し、両者が後の経路（path）を規定している点を強調するという考えが注目を集め始めている。人間社会には、その時点では「選択」できないような過去から引きずってきた理知的・感情的要素や制度的要因が、その後の歴史経路に影響を与えるという考え方である。この考え方によると、すべての経済が、ある一つの合理的なメカニズムを経て同型の経済構造や経済発展の軌跡を辿るのではなく、複数の変化の経路が生まれることになる。日本の経済成長において文化と制度がいかに歴史的な経路を規定したかについては、寺西重郎《てらにしじゅうろう》の綿密な研究を参照されたい（Teranishi, 2020）。

過去が現在を形作っているという考えには、大きく分けると二つのタイプがある。一つは、過去のある要素が、現在でも物事や体制を規定していると合理的に理解しようとするケース、もう一つは、過去の要素がもはや重要な働きを持たないにもかかわらず、現在の状況や制度が過去の経験や事象に規定（拘束）されてしまっているケースである。

後者は「過去、たまたまそうであったから」、現在もそれを「慣性（inertia）」で引きずってしまっている場合である。社会変化のプロセスは、事前に決定された一つの均衡状態に向かっているのではなく、そのプロセスの途中で生起した事象によって、収斂《しゅうれん》する均衡状態が異なってくると考え、こうした現象には経路依存性（path-dependence）があるとみなすようになった。つまり、ありうる均衡は一つではなく、偶有的な要因によって複数存在し、それぞれの均衡が安定的に継続して存在すると捉えるのである。

初期条件と攪乱要因

近年、比較経済史は経路依存性を具体的に示すために、いくつかの事例研究を報告してきた。米国を中心に、複数の専門分野の基礎訓練を受けた研究者たちが「歴史の自然実験」と呼ばれる方法を用いて多くの論考を発表している。探究の対象とする期間は極めて長いものが多く、中には比較経済史というよりも、「人類史」と呼ぶのが相応《ふさわ》しいようなものもある。

自然実験では、攪乱と初期条件の二つの要素が区別される。攪乱の違い（差）によって生じた結果が異なる、というのが、先に述べた経路依存性の分かりやすい例であろう。この場合、後で述べるように、初期条件の違いの影響がどの程度かという問題は残る。第3章で論じた「因果関係」として、攪乱の影響をどう解釈するのかという問題を無視することはできない。しかし差し当たっては、（1）攪乱があった場合となかった場合を比較するケース、（2）異なる攪乱が加わったケース（後に紹介する「ハイチとドミニカ共和国」の比較）、さらに（3）攪乱の性格はどのケースも変わらないが、初期条件の違いによって異なる結果が生まれる場合（イースター島の「崩壊」の事例）を区別する。

こうした自然実験の手法を用いた歴史研究の論文が収められた論集 *Natural Experiments of History* が2010年に刊行されている（ジャレド・ダイアモンド、ジェイムズ・A・ロビンソン編著『歴史は実験できるのか――自然実験が解き明かす人類史』）。同書の編著者のひとり、ジャレド・ダイアモンド（１９３７～）は生物学、生理学を修め、生物地理学、鳥類学、人類生態学を専攻するカリフォルニア大学（ロスアンジェルス校）教授で、12か国語を操る。彼は『銃・病原菌・鉄――一万三〇〇〇年にわたる人類史の謎』によって日本にも愛読者が多い。

ダイアモンド自身は、*Collapse: How Societies Choose to Fail or Succeed*（『文明崩壊――滅亡と存続の命運を分けるもの』）の中で、多くの生物や地理についての歴史的知識を総動員しながら、社会が崩壊する要因を、環境破壊、気候変動、敵対的な近隣集団の存在、友好的な交易相手からの支援の減少、環境問題への社会の対応の失敗、の5つに分け、崩壊の典型例を紹介している。

事例の一つ、イースター島にポリネシア人が定住し始めたのは9世紀から10世紀にかけてといわれる。ポリネシアの各島の物理的環境、すなわち「初期条件」は異なっていた。そこにポリネシア人の入植という動きが、それぞれ異なった時期と期間に「攪乱要因」として起こった。その結果、攪乱の内容は変わらないが、初期条件（物理的環境）と入植時期・期間が異なったため島はそれぞれ社会的、政治経済的に複雑な違いを示す。

イースター島の場合、18世紀初頭にオランダ人がこの島を発見するまで外界とのコンタクトはなかった。島にあった森林はポリネシア人により16世紀ごろから破壊され始め、土壌流出による食糧危機が起こったと推測される。その結果、飢餓と人肉食が内戦をもたらし、人口減少が進行して19世紀後半にはイースター島は「崩壊」したという。

面積や地質、気候などの物理的な環境が異なる島々へ、（1）同じ民族（ポリネシア人）が移住した場合、それぞれの島の社会経済や政治の仕組みがどう変わるか、あるいは（2）メラネシア人とミクロネシア人が移住した場合、初期条件が森林破壊にどのように異なった影響を及ぼしているのかも分析されている。島ごとの政治制度の違いがもたらす影響も今後の研究の重要課題だとダイアモンドは指摘する。

これらの「自然実験」は、社会体制が一つの均衡点に向かって収斂するのではなく、それぞれに加えられていく内的・外的条件によって別々の結果がもたらされることを示す事例である。もちろん、攪乱も初期条件も違うのに、似たような結果がもたらされるという例もあろう。このあたりの不確実性こそ、経路依存性を意識しながら「自然実験」の手法で人類史を探究する面白さと難しさがある。

ハイチとドミニカの歴史の経路依存性

ダイアモンドが行ったもう一つの研究は、先に示した論集『歴史は実験できるのか——自然実験が解き明かす人類史』に収められた論文(「ひとつの島はなぜ豊かな国と貧しい国にわかれたか――島の中と島と島の間の比較」と題された第4章)でも要約されている。ハイチとドミニカ共和国(以下、ドミニカ)の比較史である(より詳しい解説は『文明崩壊』参照)。

初期条件がほとんど同じ(降水量、傾斜、土壌は異なる)でも、異なった国による植民地支配(ハイチはフランス、ドミニカはスペインの植民地)と異なった政治体制という「攪乱」が、いかなる異なった帰結を生んだのかをダイアモンドは次のように分析している。

カリブ海の西インド諸島のイスパニョーラ島には、島の西側のハイチ共和国と東側のドミニカ共和国という二つの国が存在する。かつては豊かで強大であったハイチは、今やドミニカに比べると生活環境が極めて悪く、世界の最貧国とみなされるようになった。一つの島に境界が引かれたことによって、かつては似通っていた二つの社会が全く異なった様相を呈するようになったのだ。それはなぜか。現在の格差は、その制度と歴史の違いを無視しては説明できない。

両国の人口はほとんど同じである。島の西3分の1を占める旧フランス領のハイチの森林はほとんど伐採されて茶色の大地が露わになったのに対し、東3分の2を占める旧スペイン領のドミニカには木々が青々と茂る。イスパニョーラ島の東部は雨量が多く山も高く、水が豊富である。他方、ハイチの土地は農業に適さず、18世紀に大量の奴隷をアフリカから輸入して使役せざるをえなかった。

この二つの国の現状を統計数字でダイアモンドは次のように比較しつつ要約する。ドミニカ共和国の一人当たり収入はハイチの6倍、森林の28％は保存され、民主政治も機能している。ハイチは、雇用労働者はドミニカと比べると5分の1、車やトラックの保有台数は5分の1、舗装道路の距離数は6分の1、高等教育を受けた人の数は7分の1、医者の人数は8分の1、石油の年間輸入・消費量は11分の1、一人当たり医療費は17分の1、発電量は24分の1、年間輸出額は27分の1、テレビの保有台数は33分の1だという。さらにハイチの乳児死亡率はドミニカの2・5倍、5歳未満の栄養失調の子供の人数は5倍、マラリアの症例は7倍、エイズの症例は11倍に及ぶという。

逆転現象をもたらした要因

島の西側のハイチは、かつては世界でも群を抜いて豊かな場所で、19世紀の前半には、ハイチはドミニカを征服・併合したほどであった。長年にわたる独立戦争のために経済と社会が荒廃したものの、ドミニカより豊かな時代が続いた。しかし20世紀に入ると最初の数十年で逆転現象が起こる。ドミニカがハイチを追い抜くのである。それはなぜか。ダイアモンドは多くの原因の中から重要な要素として三つを挙げている。

第一は環境要因である。島の西側はもともと乾燥していただけでなく、建築材が伐採され、降雨量も減少、それがさらに森林破壊を招くという悪循環が生まれた。森林破壊により川の流域の保護が不十分になり、水力発電の能力も低下した。

第二は、植民地としての歴史の違いである。17世紀から18世紀にかけて、フランスが次第にスペインの勢力を圧倒するようになり、大勢の奴隷を買い取り輸入するだけの経済力を持つようになる。そのためフランスの植民地となった島の西部（ハイチ）は奴隷が人口の85%を占めるほどになった。一方、スペインは、メキシコや南米など魅力的な投資先へと進出していたため、大勢の奴隷をイスパニョーラ島の東部（後のドミニカ共和国）に輸入する必要も余力もなくなっていた。したがって人口に占める奴隷の割合も、10%から15%程度の水準にとどまった。植民地時代のイスパニョーラ島では、奴隷を多く確保できた西部（ハイチ）の方が、東部より圧倒的に豊かだったのだ。

ここで注目すべきは、この時期の西部（ハイチ）の豊かさは、環境面で豊かであったためではないという点だ。むしろ降雨量も少なく土地も痩せており、環境面では圧倒的に不利であった。にもかかわらず、ハイチは豊かになった。環境以外の要因、すなわち歴史上の出来事（スペインとフランスの奴隷貿易政策の違いなど）が決定的な影響を与えたのである。ハイチに多くの奴隷を移入してきたフランス船は、帰途、伐採されたハイチの森の材木を持ち帰った。

しかし20世紀に入ってドミニカがハイチを追い抜いたという逆転現象を説明するには、第三の要因としての文化的な要素を無視できない。端的には言語の問題である。西部の人口の9割近いアフリカから連れて来られた奴隷たちの言語は様々であったが、次第にコミュニケーション手段として「クレオール語」を発達させた。一方、東部（現在のドミニカ共和国）では、クレオール語のような言語は発達せず、ほとんどの国民がスペイン語を話す。ダイアモンドが指摘するように、ハイチで生まれたクレオール語という言語の特異性が、欧米諸国とのコミュニケーションの障害になったことは否定できない。

加えるに、独立戦争における多くの奴隷とフランス軍との厳しい対立と戦闘の結果、先進国からの投資や技術援助に対してハイチの人々は極度に警戒的になり、20世紀の衰退局面においてさらなる経済の停滞と貧困をもたらすことになる。

このようにハイチの経済的な衰退の説明は、歴史やその中で生まれた経済制度の違いを抜きには語れない。生物学や生態学、あるいは環境論は文明崩壊の原因の一部を説明しえても、ハイチとドミニカの例が示すように、富、森林の状況、人口、貿易政策などが、歴史的に（時間とともに）いかに変化し、政治経済システム、つまり「制度」が社会の行く末を大きく左右したかという点を無視することはできないのだ。政治や経済の制度、そしてその歴史的な変化がいかに一国の命運を決定するかは自ずと明らかになる。

それでも残る問題点

これまで例示してきた「自然実験」は、攪乱と初期条件の区別に基づいて、長期の歴史プロセスを説明しようとする試みであった。完成したメソッドではないが、興味深い手法と言える。ダイアモンドとジェイムズ・ロビンソン（1960〜）も、これら二つの概念があまりにも単純だと批判されていることは承知している。そうした批判点の一つは、攪乱には、初期条件に伏在していたものがあるため、初期条件と攪乱が截然と区別できない場合があることだ。「制度」と一言で括るが、攪乱が（入植時期、奴隷貿易、銀行制度、税制など）外生的にもたらされた「制度」なのか、物理的環境だけでなく初期条件においてすでに（富の分配制度、政治体制、法制度など）内生的に生み出されていた「制度」としての違いを内包していたのか、両者を明確に区別することが困難な場合があるのだ。

ダイアモンドとロビンソンは、説明の分かりやすさのために、「異なった結果が主に攪乱の違いによるものか、あるいは初期条件の違いによるものか、いずれかに注目した事例研究に焦点を絞る方針で臨んだ」としている。

彼らの論集に収められている研究（8つのケーススタディー）はいずれも、「主に攪乱の違いによって異なった結果がもたらされたもの」と「初期条件の違いによって異なった結果がもたらされたもの」のいずれかに限定されている。双方の要因が作用する「それ以外のケース」もありうるから、二種類のケースに限定することには自ずと限界がある。攪乱の影響を受けている社会や場所を比較研究するとき、その社会や場所の選択がランダムになされたものではないとすれば、それらがなぜ選択されたのかという点には説得的な説明が必要であろう。研究室の実験では、実験者が加える何らかの攪乱以外は、実験対象の試験管と対照群の試験管は同じ状態である。したがって実験者は全く無作為でいられる。

攪乱が観察される地域と観察されない地域の間に規則性が見いだせない状態で、これら二つの異なった地域の平均的な社会的相違が攪乱の有無による、という推論は説得力がある。しかし攪乱の存在する場所としない場所の地理的分布がある種の明確な規則性を持つ場合は、社会的相違を引き起こす原因は攪乱の有無ではなく、むしろ地理的な相違によるものだという推論の方が説得力を持つ。

言い換えれば、攪乱が加えられた場所は、研究対象の結果とは無関係に選ばれたのかという点が問われるのだ。つまり、場所の選択が結果に対して「ランダムであったのか」が示されなければならない。歴史の「自然実験」においては、「得られた異なる結果は、本当に攪乱や初期条件の違いによって引き起こされたものなのか、ほかの違いが引き起こした結果ではないのか」という疑問がつきまとうからだ。これは結局、前に論じた「因果関係の把握の難しさ」と同根の問題なのである。

3　証拠の客観性をめぐって

一つの均衡点には収束しない

経路依存性という考えは、社会が生み出した事物の多くには固有の慣性が働いているとして、古くから歴史研究者たちによって注目されてきた。それが学術的な分析に堪えうる概念枠組みとして明確に捉えられたのは、経済史における技術選択の問題においてであった。早い段階で、技術の選択を経路依存性の観点から論じたのは、米国の経済史家で技術進歩に関する優れた仕事を残したポール・デイヴィッド（1935～）である。

デイヴィッドが注目した命題は次のようなものであった。われわれを取り巻く世界の論理（あるいは非論理？）は、どうしてそうなってしまったのかを理解する以外、明らかにすることとは時に不可能だということ。言い換えれば、最終的な結果に重要な影響を与えるのは、「システマティックな力」というよりも、偶然によって支配された「ハプニングス」を含む、「時間的に関係の薄い事象の継起」である、というものであった。これをデイヴィッドは

「経済的変化の経路依存的なシークェンス（path-dependent sequence）」と呼んだ（David, 1985）。

この視点は、歴史的偶然（historical accidents）というものが無視できないばかりか、歴史の動的プロセスを経済分析のために切り取ったり、分離したりできないことを意味する。この認識は、「歴史的偶然――その多くは「小さな偶然」なのだが――の存在により、動的なプロセスは必ずしも一つの点に収束することはない」という考えにつながる。

QWERTYの由来

"Clio and the Economics of QWERTY"と題した論文でデイヴィッドが取り上げた例は、タイプライターのキーボードの文字配列（現代のパソコンのアルファベットも同じ配列）がどのような経緯で今の形に確定したのかという問いであった。このキーボードの配列は「QWERTY配列（文字盤の最上段左からの文字の順序）」と呼ばれてきた。経路依存性についての分かりやすい例なので紹介しておこう。

ラテン文字を書きこむ機械として、米国で発明されたタイプライター（typewriter）、あるいはコンピューターの文字入力のキーボードを見ると、確かにその文字配列がなぜ今の形に決まったのか、その由来を知りたくなる。この形が標準となった歴史には紆余曲折があるという（その主要なポイントはデイヴィッドの論文に説明されている）。

昔のタイプライターは、活版文字が先（頭）についたアーム（金属棒）が、打鍵すると飛び出てきて紙に印字するというメカニズムであった。したがって、早く連続的に打鍵するとアームが絡む不具合が起きやすい。性能のよい製品の条件としては、「早く打鍵できること」「早く打ってもアームが絡まないこと」がまず問題となる。

米国で1860年代に開発されて以来20世紀初頭まで、タイプライターのアームがどこから飛び出すかについてはいくつかの方式があったという。どの配列を用いれば、早く打鍵し続けられるのかという形の競争が、製造業者間で繰り広げられたことは想像に難くない。アルファベットの中でも、TやE、Hのように頻繁に現れる文字もあれば、X、Q、Zのようにあまり使われない文字もある。文字の順序もTの後にHがくる、あるいはQの後にはだいたいUが来る、というように、組み合わせの相対頻度は計算できる。各々のメーカーは、早く、そしてトラブルなしに打鍵できるような文字配列を見つけ出す技術競争を始めた。しかしこの競争は技術的な側面の問題を解決するという形で最終決着を見たわけではなかった。19世紀の末にタイプライターの主要メーカーがトラストを結成し、QWERTY配列に統一してしまったからだ。寡占企業がデファクト・スタンダードを確立したことによって、それ以上の効率性の追求を待たずしてQWERTY……の配列が確定した（詳しくは、安岡孝一

「ＱＷＥＲＴＹ配列再考」『情報管理』）。

合理性や効率性の唯一解が見つかる前に、寡占企業の作りあげたデファクト・スタンダードにロック・インされたという経路依存性が作用したのだ。

もちろん、技術外の要因が、技術の選択を決定するということは驚くべきことではないかもしれない。ビデオ・カセットについても類似の現象はあった。ソニーが開発したベータマックスが世界市場でＶＨＳに敗れた原因の一つとして、ソニーがポルノ・ビデオを大量に生産するメーカーにベータマックスのライセンスを与えなかったことが原因だともいわれる。つまり需要側がＶＨＳを圧倒的に求めたのである。

タイプライターのキーボードも、ＶＨＳも、いずれも技術的優秀さの視点から選択されたものではなく、外生的な「攪乱」による経路依存的なプロセスが認められることをこれらの例は示している。

個別事例研究と法則定立科学

ＱＷＥＲＴＹ配列のケースが示すように、経路依存性の強調は、歴史的な物事の推移には、合理的かつ普遍的な唯一の経路があるわけではないという考えにつながる。こうした視点を含めて、社会研究において「初期条件」や「攪乱」を含めた歴史的要素を重視するのか、あるいはより一般的な合理的理解が可能な普遍的命題を求めるのか、という学問探究の姿勢の違いは、しばしば「方法論を問う」という形で論争されてきた。代表的で、かつ最もよく知られた論争は19世紀末葉のドイツで「方法論争（Methodenstreit）」として展開された。この論争にはいくつかの時期と局面があり、それぞれ多くの歴史学者や社会学者が加わっている。ここではその経緯を解説することは控え、要点を指摘するにとどめたい。

本書の第1章で、具体的な素材や対象のない論争や、研究に入る前に抽象的な本質論や方法論の議論に入り込むのは不毛だと述べた。その理由は、「概念規定」は、研究の出発点で行うのではなく、研究の最後にはじめて明らかにできることであり、「方法論」は、具体的な研究を行うことによって「問題に応じた適切な方法を探るべきだ」と考えるからだ。ただ、この「方法論争」で何が問題とされたのかについては、その学説史的側面を含めて知っておくことは必要だろう。

社会を理解するための知識の性質を区別する、分ける、という点で、社会科学的な第一歩を踏み出したのはスコットランドの啓蒙思想家たちであろう。この点を強調する、スコットランド啓蒙思想の研究者W・C・レーマン（１８８８～１９８０）は、"John Millar, Historical Sociologist : Some Remarkable Anticipations of Modern Sociology" という論文で社会学的アプローチとして歴史主義（historicism）と進化主義（evolutionism）を区別して論じた

(Lehmann, 1952)。

ちなみに、レーマンのいう「歴史主義」という言葉の使い方はカール・ポパー（１９０２～１９９４）やフリードリヒ・ハイエク（１８９９～１９９２）とは異なる。ポパーやハイエクは、特殊で一回生起的な現象への関心をhistorismとし、法則と予言を意図した歴史主義をhistoricismと呼び、彼らが批判したのは後者のhistoricismであった。レーマンの用語とはほとんど反対の用い方であることを理解しておく必要がある。

レーマンの論は次のようなものである。進化主義は理論的・推論的な歴史であり、常に一般化と演繹的作業を伴っている。歴史の一回生起的な性格を重視せず、事実に重きを置くという傾向はない。他方、歴史主義は個々の孤立的な事実を記録したり、具体的な事象や状況を記述することによって、そこに働いている連続性や因果関係を定立しようとする。しかしその際、常に経験的事実によって導かれること、固有性、唯一性を重視するのである。この二つの知識獲得の方式を、進化主義は法則定立的（nomothetic）、歴史主義は個別事例研究的（idiographic）と称して区別したのである。

歴史学派が現れた背景

こうした区別は、19世紀の経済学の中にも実は明確に存在した。もちろん結果としては、進化主義の法則定立的側面が経済学の主流を占めることになったが、経済学の母国イギリスでは個別事例研究的なアプローチも厳然とその命脈を保っていた。

19世紀後半の経済理論と経済学方法論の著作でこの知識の問題を論じているのは、カール・メンガー（1840〜1921）である。メンガーは『社会科学とくに経済学における諸方法の研究』（1883、邦訳『経済学の方法』）の最初の部分で「歴史的・統計的経済学」と、正確な法則を伴った「理論的経済学」とを截然《せつぜん》と区別している。これはメンガー自身が、科学的知識を二つのクラスに分けていたこととパラレルである。「個別的」、歴史的、統計的知識と、「一般的」、理論的知識である。これに加うるに、メンガーは第三の範疇として応用実技や実践科学的なものも考えていたようだ。いずれにせよこれら三つの知識はその性格を異にするがゆえに、厳密に区別されるべきであり、経済理論や政策について唯一の方法を主張することの愚を戒めている。

このあたりから（新）歴史学派のグスタフ・シュモラー（1838〜1917）との方法論争（Methodenstreit）が始まる。メンガーを代表とするオーストリア学派の経済理論は元来、経験の外にある「認識による知識」というカテゴリーに基礎を置くものであった。つまり非経験的な「内省（introspection）」によって経済主体の一般的経済合理性を仮定する一種の「先験主義哲学」である点が、歴史学派の個別性を強調する立場と基本的に異なる。

歴史学派が現れた背景には、リカードあるいは古典派経済学の素朴な追随者たちの中に、近代の普遍的な自然法思想に基づいた、抽象的、演繹的な合理性貫徹の「普遍史」という思想が支配的になったことがあった。アダム・スミスの経済学から歴史観を取り去ったような古典派経済学に対し、国と時代によって異なる具体的な個別性・特殊性を重視して、政策の妥当性を論じることの重要性を主張するものだ。歴史学派の主張には、理性を思考の基礎に置いたフランスの啓蒙思想が19世紀の経済学にも濃い影を落とすようになったことへの反省という側面もあった。

ただし、メンガーとシュモラーの「方法論争」は、重点の置きどころの違いであると考え、そのベースにある、「客観的な認識」、あるいは「客観的な証拠」とは何かと捉え直すことも可能だ。そうした問題に目を向けたのがマックス・ウェーバーであった。「客観性」をどう考えるのか。政策科学の分野で用いられる「証拠に基づく政策（EBP：Evidence-Based Policy）」という手法との関連で、改めて振り返っておく必要がある。

証拠（evidence）をめぐる医療と公共政策の違い

近年、経済学の分野でも、「証拠に基づく政策（EBP）」という言葉がよく使われるようになった。証拠（evidence）なしに主張するよりも、証拠のある方が、信頼性が高く説得力も増すという意味では、証拠に基づく経済政策（EBEP：Evidence-Based Economic Policy）の重要性は否定すべくもない。しかし問題はそれほど単純ではなさそうだ。

「証拠に基づく政策」という言葉は、元は医療や診療の場で生まれた「エビデンスに基づく医療」に由来している。医療研究で得られた十分な証拠に基づいて施される医療行為を指す。近年、特に臨床結果（治療結果や珍しい症状のケーススタディー）が症例・論文として数多く医学誌に発表され、こうした知識に基づく医療方針を一般的なものとみなすようになってきた。それは、医療従事者の業績が評価される制度が明確な形で確立したこととも関係するといわれる。医療現場から生産・蓄積されるこうした膨大な数の医療データに、数々の統計処理を施すことによって、医師の決定をより根拠のある確実なものにできると考えられるようになったのだ。その際、第3章で触れたランダム化比較試験（RCT）が重要視されるようになったことは言うまでもない。

抗がん剤に見られるように、治療法は日進月歩で向上している。したがって医者は常に最新の医学・薬学情報を得ておかねばならない。さもないと治療が好ましくない結果をもたらした場合、裁判に持ち込まれる可能性もある。最新の治療法を知っておくことが医師と患者双方にとって重要になってきたのだ。

こうした「証拠に基づく医療」という考え方が、公共政策、特にミクロの経済政策の分析に転用されるようになった。ただし、医療と公共政策には根本的な違いがある。治療の場合は、患者の治療という点では医師と患者の目指すところ（利益）は一致している。そのためいかなる治療を選択するのかについて、「目標価値」の不一致はほとんどの場合ない。しかし公共政策においては利害関係者の目標が一致しないことが多い。そうした場合、どの政策を選択するのかについて、「価値」の選択をめぐる争いが表面化することは避けられない。すなわち問題が「政治化」するのだ。その場合、仮に「証拠」が信用できる質のものであっても、ＥＢＥＰによって問題が解決するわけではない。ここに医療と公共政策との違いがある。

説明責任（accountability）とは

公共政策の場合、ある政策を採択する根拠としてＥＢＥＰが重要な役割を果たすようになるのは、採択された政策の財源が主として税金で賄われるため、その説明責任（accountability）が必要となるからである。

近年、日本の政治家によって「説明責任」という言葉が多用されているが、元来は公権力が税金を使用することを十分説明できるかどうかを意味する言葉であった。政府や行政機関は納税者である国民に対して政策の採択理由の説明を、経営者は株主に対して財務状況や経営戦略について経過報告を行う。科学者も、研究内容を社会に対して説明する義務があると考えられるようになった。資源を利用する者が、利用を認めた利害関係者に対して、その適正な利用と保全に関して説明し報告すべきだという考えは至極自然なものといえよう。

説明責任（accountability）という言葉は、計算や会計を意味するaccountから派生している。立憲政治の母国イギリスでは、中世以降、国王による課税は議会の承認を必要としたが、税金の使途について、国王はその「会計」を議会に報告する責務を負った。王様が公的資金をどう使ったかを監査するというシステムの生成と議会制民主主義の発展は同時に進行したのである。説明責任と会計報告がその起源において表裏一体の関係にあったため、accountabilityという言葉が使われた。

客観性（objectivity）について

公共政策において、「証拠に基づく政策」の「証拠」として多くの情報の中からその政策目標に合致するような証拠が選び取られたのではないか、という見方が生ずるのは避けられない。すでに選択された政策が念頭にあって、その政策をサポートするようなリサーチが行われることも皆無ではない。ある政策の帰結が、複数の、あるいは多数の要因による「因果関係」から発生しているとすれば、政策に都合のよい証拠だけを選んでいるという疑念を軽視することはできない。「証拠に基づく政策」は evidence-based policy ではなく、Policy-based evidence making（政策に基づいた証拠集め）だと揶揄《やゆ》される理由もここにある。もちろんこの指摘は、決してEBEPすべてを否定するものではないが、証拠（evidence）の客観性（objectivity）とその証拠の選び方の問題は避けられない。ところがこの客観性という概念が、どうも一筋縄ではいかない厄介なものなのだ。

EBEPと客観性の問題点は近年突然指摘され始めたものではない。ここにも学問上の短くはない論争史がある。主役は先にも触れたマックス・ウェーバーである。

ウェーバーは、「社会科学と社会政策にかかわる認識の「客観性」」（1904）、「社会学的および経済学的科学の「価値自由性」の意味」（1917）においてこの問題を論じている。いわゆる「価値からの自由（Wertfreiheit）」をめぐる議論である。

現代では、社会科学、あるいは社会研究が、経験科学であって、規範科学ではないと考える研究者は多いが、政策論に関しては「こちらの政策より、あちらの政策」というように、選択が問題となるとき、そこに何らかの「規範性」が持ち込まれることは避けられない。だが経済学の場合、規範性、あるいは価値の上下関係の判断について無自覚になりがちなことは否めない。しかし政策目標の選択だけでなく、証拠そのものの「客観性」について考えることは等閑にはできないのだ。

われわれは一般に、経験的事実として「そうあること（Sein）」と先験的原理に基づいて「こうあるべきこと（Sollen）」は別物で、はっきりと区別できると思い込んでいる。そしてこの二つ、すなわち「客観的」科学的論証と研究者の倫理的・政治的判断を混同すべきではないと考える。こうした学問への姿勢は基本的には正論であり、正論であるがゆえに反論はできない。

しかしウェーバーは、問題をこの区別だけには終わらせなかった。彼は、研究者は常に無色透明な政治的立場に身を置くということはありえないと見る。したがって研究者が実践的な価値判断から自由でなければならないとは考えなかった。ましてや善悪の判断や信念を持たないことを求められているともみなさなかった。

ウェーバーの考えは先に挙げた彼の論考そのものを読むことが重要なので、ここではその論点だけを大まかに示すにとどめる。われわれは一般に「客観的」という言葉を使うとき、「主観的」な価値判断をすべて排除した認識や議論を意味すると考える。しかし「主観的な価値判断をすべて排除する」ということは果たして可能なのであろうか。われわれは常に何らかの視点に立脚してものを見て考えている。その視点そのものが「客観性」を保証するような根拠はどこにもない。自分の主観的な視点に無意識であること、無自覚であることこそ、その視点を対象化・相対化して見ることの妨げになってしまう。むしろ自分の立脚点を明確に意識することこそが、ウェーバーの価値自由（Wertfreiheit）の意味するところなのだ。つまり、自分の視点・立脚点を明確に意識しつつ、価値観を持ちながらもそれに囚われずに、自由に見ることとなのだ。

このように、ウェーバーは、経験科学としての社会研究が価値判断をなしうると主張することも、価値判断は科学ではないから科学的議論から排除せよと論ずることも認めない。彼は、先に挙げた、経験的事実として「そうあること（Sein）」と、先験的原理に基づいて「こうあるべきこと（Sollen）」の原理的区別を強調しているのである。

経験科学にとっては、目的に対する手段の適合性はある仮定の下で確定することができる。すなわち採用された手段がどのような副作用を伴うのかを明らかにすること、手段が生み出す結果を比較することは可能であろう。いろいろな手段はそれぞれ別々の結果をもたらすが、そのいずれを採択するのかは認識の問題ではなく、価値判断の問題である。ウェーバーは、この目的を生み出す理念は何であり、目的と理念の間に内的な関連が認められるのかを分析することが、経験科学のなしうる作業であると指摘するのだ。

要約すると、社会研究の中で、経済学の理論からだけでは「何をなすべきか」に答えることはできないということになる。「何をなすべきか」は理念であり、価値観なのだ。繰り返しになるが、重要なのは、ウェーバーは決して価値判断を回避せよと言っているのではない。

客観性を重んずるあまり（装うあまり）に、「価値判断」を軽視することや、「価値判断ではないと思い込む」ことを厳しく戒めているのだ。社会研究があたかも、無色透明な、中立的な手法で問題を解析していると考えてはならない。この点を理解することの重要性は強調してもし過ぎることはない。

第6章　社会研究とリベラル・デモクラシー

1　科学は政治から逃れがたい

「科学の政治化」という問題

第5章では、社会研究が常に無色透明な、中立的な目的と手法で問題を解析できると考えてはならないと指摘した。この点をもう少し具体的に考えてみよう。研究に取り組む過程で起こる価値判断については、「科学の政治化（politicization of science）」あるいは「科学と政治の対立」の問題として長い論争の歴史がある。20世紀の後半になるとこの議論自体をひとつの研究主題とする専門領域が急速な発展を遂げてきた。価値の選択問題は、価値の多様化が進むにつれて解決がますます難しくなることは避けられないようだ。

本来、科学は目的を持たない知的営為であった。その科学に価値の選択の問題が入り込むようになったのはなぜか。それは科学が生み出した知識のほとんどが実利性を持ち、その実利性が社会のすべての人々に均霑《きんてん》するとは限らないからだ。科学的知識は、ヒュームが指摘したように蓋然的であるだけでなく、科学の命題の多くは「ほかの事情が同じならば(ceteris paribus)」と仮定して導かれているから、実際に適用する場合には「必要な変更を加えて準用(mutatis mutandis)する」ことになる。その「必要な変更」が何なのかについての倫理的・政治的判断が求められるのだ。

「科学の政治化」は、政治によって科学が歪められる、あるいは似非《えせ》科学に依拠して政治が正統性を主張する問題にもつながる可能性がある。社会研究の文脈で言うと、政治権力にとって有利な方向へと科学の目的やテーマが誘導されかねない。

ガリレオ裁判とルイセンコ論争

こうした点は、歴史的には自然科学の分野でまず大きな問題となった。誰しも思い起こすのは「ガリレオ裁判」であろう。中学や高校の歴史の授業で言及されるこの裁判は、ガリレオ・ガリレイ(1564〜1642)が、当時、信じられていた天動説を誤りだと主張した結果、宗教裁判(異端審問)にかけられ有罪を宣告された事件である。

ガリレオは、宗教界（ローマ・カトリック教会）の知見の無理解と闘った英雄として語られる。この「宗教裁判」はどのような形で進行したのか。近年発見された裁判の記録では、ガリレオは強く抵抗をすることなく、自分の考える地動説も仮説の一つだという意味の発言をしているという。この点については、科学の拠って立つ「仮説と検定（実験）」という手法の性格に焦点を当てた考察がなされているが、ここでは科学と宗教権力の対立の歴史例として触れるにとどめ、近年のヴァチカン教皇庁の見解を含め、その詳細には立ち入らない（田中一郎『ガリレオ裁判――400年後の真実』）。

もう一つの自然科学の政治誘導の例として、「ルイセンコ論争」も一般に知られた歴史的事件である。旧ソ連では、科学研究が政府の強い統制のもとにあった。スターリンの共産主義独裁体制のもとでは、「人間は教育によって思うようにつくりかえることができる」「努力すれば必ず報われる」という思想が浸透していたため、遺伝によって人間の形質（character, trait）が決定的な影響を受けるとする学説は不都合なものであった。教育や環境によって人間は変わるものであり、後天的に獲得された形質は遺伝すると考える学説が正統の生物学として位置づけられていた。遺伝子概念を否定する「ルイセンコ主義」と呼ばれる反遺伝学である。「ルイセンコ主義」に従うと、農作物の育種や品種改良などの科学的な農学は否定され、ライムギが小麦になり、小麦が大麦になることも可能になる。

ルイセンコ学説に疑義を呈し、メンデルによる遺伝学を擁護した生物学者が、スターリンの指示によって多数（3000人とも推定されている）投獄され、強制収容所へ送られるか処刑され、あるいは獄死する者も出た。遺伝学や細胞生物学の研究が禁止されたため、その後のソ連におけるこうした分野の研究が著しく立ち遅れたといわれる（詳しくは、ジョレス・メドヴェージェフ『生物学と個人崇拝』、中村禎里『日本のルィセンコ論争』）。

こうした歴史的な大事件だけを挙げると、「科学への信頼の厚い現代では、もはやそのようなことは起こりえない」という楽観的な意見も出るかもしれない。しかしそうした意見は、科学が最終的に物事の真と偽、当否を確実かつ明晰に示せるという「信仰」に過ぎないといえる。したがって科学とイデオロギーが結びつくことの恐ろしさを知らない態度と批判されても仕方があるまい。科学はあくまでも、（いみじくもガリレオが言ったように）仮説とその検証を経て成り立つ知の体系なのだ。科学への信頼や敬意は必要だとしても、科学の世界においても「絶対」はない。

月と雲の時代

科学はすべてを直ちに解き明かしてくれるわけではない。断言できること、確率的・統計的にしか言えないこと、あるいは全く謎でしかないことなど、われわれの知識の確実性には様々なレベルがある。

30年以上も前のこと、著名な数学者H先生の講演会に行ったことがあった。「これからの教育と父親の役割」と題する講演で、先生のご両親の思い出と、数学の専門的研究が素人にも少し分かるように巧みに語られ、今もその中のいくつかのエピソードを思い出すことができるほど刺激に満ちた話であった。

講演の最後の方で、自然科学の分野における一つの大きな傾向として、「月と雲の時代」という譬えに触れられた。月には解析性があり、現在の位置と運動法則を把握すれば、すべてが予測できる。ところが雲には解析性がない。意外性に満ちており、2、3時間後のことさえ予想するのが難しい。これら二つのタイプの対象の研究が調和を保ちつつ共存するのが、自然科学における「月と雲の時代」なのだという。H先生は、ご自分の育った家庭に関して考えてみると、父は月、母は雲だったんじゃないかという気がしている。両方がいて、うまくいっていたと思うと話を結ばれた。

論理だけで真実に迫るとみなされる自然科学においても、厳密な意味での正確な予測ができない研究対象が多く存在しているということにもっと気付いてもよさそうだ。われわれが身を置く現実の世界は、まさに雲のような不確かさに満ちている。ウィルスの正体が正確に把握できているわけではない。感染症がどのように広がるのかを正確に予測するのも至難の業である。多くの科学分析では、雲の形や動きを予想するときと同じように、強い仮定を置いて科学の手続きに沿った推論を行う。科学における知的探求の作法の基本は、このような「仮説と検定（実験）」という作業から成り立っているのだ。

「月と雲の時代」の譬えは、厳密な論理と実験の精神で裏付けられる自然科学の分野にも、実は完全な論理だけでは、表現も、証明も、予測もできない事象があることを教えてくれる。

したがって、自然科学の問題の立て方と分析方法に似せようとする努力には「明晰さ」という点で大きなプラスの面があるが、同時に自然科学的な分析のフレームワークに乗せるために、数々の要素を削り落としてしまう点ではマイナス面がある。要するに、科学的分析の価値を十分に認めつつ、しかしそれを絶対視してはならないのだ。

限定と単純化があるという自覚

すでに第1章で、「真理」と「真らしさ」を区別し、学問には厳密に数理的に論証できるような性質の研究と、厳密に論証はできないが、「真らしさ」を探究するという二つの分野があると述べた。論証する（verify）学と探究し（explore）続ける学があり、すべての問いかけを論証する、論理的に証明することだけが「学の本質」ではない。

自然科学的な厳密さと正確さを尊重するだけでは、取り上げられた問題が論証のためのフレームワークにうまく収まるかどうかということだけに関心が向けられるようになる。問題の性格によって論じ方は異なってくるはずだ。厳密性を重んじる手法では、結果に影響を与えるかもしれない要素を先験的に削ぎ落し、単純化しているかもしれない。社会研究には、単純化し問題を限定することで科学として厳密に議論するという手法になじまないものがある。問題の性格に応じて、論じ方は変えなければならないのだ。

数学の諸科学への応用に強い関心を持っていたポール・ヴァレリー（1871～1945）は、レオン・ワルラス（1834～1910）の『純粋経済学要論』（第三版）への書評を書いている（*Revue Générale du Droit, de la Législation et de la Jurisprudence en France et a l'Étranger*）。そこで彼が指摘している点は重要なので紹介しておきたい。ポイントは次の言葉に表れている。

「ワルラス氏はまず、社会現象の雑然たる堆積の中から、一個の「経済的空間」を作り出すに役立つものを抽出する。ここに「経済的空間」とは、純粋に量的な関係で結びあわされた変数の総体、その結合や変化の特性を知るにはただ数学的操作さえ施せばよいといった変数の総体である」。しかし、「そこ（社会現象―引用者注）には厳密さと批判主義に欠ける項目が数多く見られ」るとして、「数学的解析に先行すべき元《もと》の事実の分析にかかわるように見えるという点」が重要なのだが、「ひとたび計算を導入できるようになれば、困難はもう終ったのだといえよう」と穏やかな批判の矢を放っている（『ヴァレリー全集11』）。何事においても世間は創始者を温かくは迎えない。ヴァレリーは、ワルラスの思索がほかのいかなる思索にも増して奨励される価値があるとし、数学の拡張の感動すべき歴史の一資料であるとその価値を認めると同時に、その分析手法は、「量的関係」に限定されていることに注意を促しているのだ。

ヴァレリーの指摘の重要性は強調してもし過ぎることはない。すでに述べた社会科学における「理論」、特に数理的に組み立てられた理論の持つ長所は、社会をそのまま観察し理解するときの制約ともなりうる。それは思い切った単純化、問題関心を限定するために設定された強い仮定から生まれる避けがたい犠牲なのだ。

現代の科学も政治化されうる

自然科学の分野でも、先に見た「ルイセンコ論争」のような、悪夢とも言うべき（似非）科学の政治への誤用・悪用が起こったわけであるから、「雲」の研究に近い社会科学で、こうした「科学の政治化」が生じることは十分想像できる（ちなみに政治化〔politicize〕という動詞は、「政治的性格を帯びたものにする」ことを意味する）。実はこの「科学の政治化」は日常の政治の中でも見いだせる。ある問題の重要性や深刻度に対する認識、問題の原因究明の仕方、その対策に、大きな違いや対立が生じる例は少なくない。その具体的な例をいくつか挙げておこう。

科学と政治の関係については、新型コロナウィルスへの国や自治体の対策でも問題になった。感染症や疫学の専門家が科学的な知見に基づく可能性や事実を明らかにするステップ、それをベースとしつつ、政治が対策を選び取るというステップを分けてしばしば語られた。確かに分かりやすい正論だが、二つのステップはそれほど単純には分けられない。その最大の理由は、第一のステップ自体に、すでに不確実な情報が混入しているからだ。先に述べた「譬え」で言うと、問題の対象が「雲」のような不確かなものである場合、科学的な知見として明確にできること、それぞれの不確かさの可能性（possibility）とその蓋然性（probability）は必ずしも客観的に測定できない。そのとき、蓋然性の度合いをどんな指標で測定するのかについては、主観的、かつ「政治的」な判断が入って来る。つまり政治が一つの政策を選び取る前に、提示された選択肢のメニュー自体がすでに主観性と政治性を帯びているのだ。さらに、「科学的な判断を大事に」と言うが、正確な科学的判断に到達するまでには時間がかかる。科学の手続きを踏んだ結論が出ていない不確かな（蓋然的な）状況においては、政治が対応し、できるだけ早く、果断に判断しなければならない。この点は今次のコロナ禍においてわれわれは痛いほど実感させられた。

もう一つの例として「地球温暖化問題」がある。気象学者の多くは、地表の温度はここ数十年間にわたって確実に上昇しており、この傾向は人間の経済活動が生み出す「温室効果ガス」（二酸化炭素、メタン、亜酸化窒素、フロンなど）の排出が原因であると考える。それに対する批判者たちは、科学的な方法として、こうした推論と予測は気象学者がコンセンサスとして受け入れるまでには至っていないと強く反論してきた。１９９０年代に入ると、石炭、石油、鉄鋼、製紙、自動車、化学など、化石燃料と深いつながりを持つ製造業界は、環境主義者たち（environmentalists）の「温室効果ガス」排出に対する規制運動に、強い疑義を呈し反撃の運動を展開し始める。

こうした「反環境」を旗印とする社会的活動組織（いわゆるロビイスト）のうち、最大規模を誇ったGlobal Climate Coalition（１９８９年発足）は、「京都議定書」が採択（１９９７年12月11日）された後、メンバー数が減少し始めたため、２００１年に事実上解散している。それが完全な科学的知見の勝利なのか、単に世論からのプレッシャーによる撤退であったのかは見方が分かれる。しかしこの過程で科学が政治化したことにより、各国内だけでなく国際政治の場でも上辺だけでない完全な合意に至るのかは依然不透明な状態にある。

地表の温度が上昇傾向（uptrend）を見せているのは、単なる循環（cycle）の上昇局面に過ぎず、やがて反転して気温は低下するという見立てをどう「科学的に」反駁《はんばく》するのか。近年の異常気象についての科学的な因果推論がここでも重要なことは言うまでもない。

ゼロ・リスクへの誘惑

類似の問題は、たばこ（喫煙）と健康（特に肺がん）の因果関係をめぐるたばこ産業界と医学界の間でも起こった。すでに1950年代から喫煙が肺がんを引き起こす可能性があることは医学界で指摘されていた。これに対して、たばこ産業はシンクタンクやロビイストに多額の資金を投入し、肺がんの発症原因に関して別の説明を検討するよう働きかけた。筆者が1960年代に米国に滞在したとき、買ったたばこの箱の側面に、「公衆衛生（医務）長官（Surgeon General）は、喫煙があなたの健康に有害かもしれない（Cigarette smoking may be hazardous to your health）と警告している」との注意書きがあるのに気付き、「何だ、これは?」と不思議に思ったものだ。

その後、禁煙運動、嫌煙運動が世界を席巻したことは周知の通りだ。喫煙は今や「犯罪」の如き様相を呈している。それに敵対する反嫌煙運動も表立った形ではないものの進められている。愛煙家擁護運動のコピーとして、Cigarette smoking のところを、Eating と入れ替えて、Eating may be hazardous to your health と題する本が出版されたりする。Eating だけではない。Death, Living, Sex などの言葉を当てはめる冗談めいたコピーも現れた。

こうした対立はなぜ起こるのか。健康や生命に関する考え方の違いも影響しているだろう。しかし根本的な原因の一つは、科学が「絶対的真理」というものに辿り着いていないところにある。つまり科学的知見と価値の選択に関わる命題が確率的、統計的な命題にとどまる限り、その命題が政治的・経済的利益を左右する場合に科学の政治化は避けがたい。さらに検出された統計的な関係が、相関関係であれ、因果関係であれ、リスクを極力（時にはゼロにまで！）低下させようとする者によって利用され、問題が政治化されるケースも生まれる。リスクを含む商品生産などの経済活動に対して、民主制議会における立法のレベルで何らかの規制が導入されれば、全国民はそれに従うよりほかはない。

科学が、現実の世界で100パーセント確実な命題を確立できない限り論争は続き、そこにイデオロギーや政治的判断が混入してくる。政治判断の混入をゼロにすることが事実上無理な場合、望ましい態度は、その「主張」の根拠を吟味し、できる限り全体のリスクが少ないと総合的に判断できる方向に舵《かじ》を切らざるをえないということだ。

どのような事象にも可能性（possibility）がある。しかし可能性と確率（probability）は区別しなければならない。確率ゼロ（いわゆる測度ゼロ）でも起こる事象はある。これは確率という概念を学ぶときに知るべき重要な点だ。現実に生起する事象は必ずしも確率的推測通りではない。「とんでもないこと」は起こるのだ。現実には、多くの科学的な命題は、確かさとして、100パーセントもゼロも保証するわけではないので、どうしてもゼロ・リスクの方へと議論が傾くことになるのだ。

マーシャルの"Cool heads but warm hearts"

もちろん、主張する本人や本人が属する社会グループの利害に関わっているか否かが、その科学的命題の「純度」を測る物差しになる場合もある。しかし常に確実な尺度となるものではない。残された道を一般的な言葉で表現すると、問題に対して冷静に(「無私」の立場から)分析の刃を突きつけること、と同時に、その姿勢には他者への「共感」の気持ちが伴わなければならない、ということになろうか。

この点について、アルフレッド・マーシャル(1842〜1924)のアドバイスは参考になる。経済社会を研究しようとする者の心構えとして、マーシャルの"Cool heads but warm hearts"という言葉がしばしば引用される。「怜悧な頭脳で、しかし温かな心を持って」というこの名言は、マーシャルがケンブリッジ大学の教授就任講演(1885年2月24日)の結びで述べたものだ。就任講演で彼が訴えたのは、当時のイギリス社会を巣くっていた想像を絶するほどの貧困問題と、その解決に貢献しうる経済学徒がケンブリッジ大学から輩出することであった。1880年代は、経済学がPolitical EconomyからEconomicsへと名称を変え始め、経済学が近代社会科学の独立した専門分野としての地位を獲得し、今後の力強い展開が期待された時期であった。そのような時代的な背景のもと、ケンブリッジ大学が経済学の分野でどのような人材を世に送り出すべきかをマーシャルは新任教授として述べたのである。

この"Cool heads but warm hearts"という表現を吟味する場合、(1)マーシャルは経済学をどのような学問と考えていたのか、彼の「経済学」観は、現代の経済学と比べるとどのような違いがあるのか、(2)頭脳(heads)と心(hearts)の双方を考慮する場合、これら二つの「能力」はどのように区別できるのかを分けて考えておく必要がある。

言うまでもなく、後者の区別に完全かつ明白な基準があるわけではない。この難題(アポリア)は、愛と正義の補完性と代替性を考察する西洋中世思想の中の正義論の中でも、「愛のない正義は残酷となり、正義のない愛は亡びの母となる」(トマス・アクィナス)という言葉に見事に結晶している。

2 競争の利点はどこにあるのか

自然科学では、その理論の歴史を「知性史」として研究する場合を除くと、現代の研究者が100年あるいは200年以上前に書かれた自然科学分野の著作を繙《ひもと》くことはまれであろう。実際、大学の図書館委員会で、自然科学系の先生から「図書館の必要性は極めて低くなった。最新の学術誌（ジャーナル）をいつでもすぐ読めるような体制こそが必要だ」という発言があったと聞いて驚いたことがある。

古代から大きく変わることのない人間の心や行動を研究する学問分野では、古い書物に学ぶことが不可欠になるケースはまれではない。人文学では2000年以上前の思想、歴史、文学を学ぶことなしに、人間性（humanitas）について「新しい発見」をしたように思い込むことは、軽薄の誹りを免れない。人間社会の研究においても、これまでどのような問題（対象）が、どのように論じられてきたのかを知ることは極めて重要なのだ。

マーシャルの『経済学原理』（*Principles of Economics*、初版1890年）は、アダム・スミスの『国富論』（初版1776年）と並ぶ経済学の最も重要な著作であるといわれる。ケインズが『一般理論』（1936年）において、ケンブリッジ大学時代の師マーシャルの新古典派的な前提、すなわち「供給は需要を創出する」（総需要の不足は起こらない）という命題に根本的な疑義を投げかけ、総需要の不足で失業が存続するまま均衡状態が続く場合があると論じたため、ケインズはマーシャルの経済学のすべてを乗り越えたとみなされることがある。しかしケインズはマーシャルのすべてを否定したわけではない。基本的な価値論の領域では、ケインズは依然としてマーシャルの経済学の基盤に立っている。

以上を踏まえて、経済社会の問題解決の研究に進もうとする者へのマーシャルのアドバイス、"Cool heads but warm hearts" の意味を考えてみたい。まず先に挙げた論点のひとつ、当時の経済学が抱えていた問題について、彼がどのようなスタンスをとっていたのかを見てみよう。彼の『経済学原理』の「第一編　予備的な考察」は、社会問題に取り組む人たちの「心構え」として今でも貴重な示唆を含んでいる。

宗教的心情と経済的動機の重要性

マーシャルは、経済だけが人間社会を動かしてきたのではないことにまず注意を向ける。人間は金銭的な損得勘定で動くこともあれば、名誉のため、自分の信じる理念のために行動することもある。その点を簡潔にこの大著の冒頭でマーシャルは指摘している。「第一編　予備的な考察」は、経済学だけではなく、政治学や社会学の分野に関心を持つ人にも必要な「気付き」を与えてくれる。要約的に示しておこう（以下の「　」で示す引用は、『マーシャル経済学原理』による）。

（1）マーシャルは、「経済学は日常生活を営んでいる人間に関する研究」であり、「福祉の物質的要件の獲得とその使用にきわめて密接に関連している側面を取り扱う」、としている。この「日常生活を営む」という点が重要だ。非常時や危機の際の社会問題には、経済学はそれほど重要な知恵や判断材料を提供することはできない。

ただしマーシャルは、経済学は「富の研究であるが、他の、より重要な側面においては人間の研究の一部なのである」と規定している。というのは、

(2)「人間の性格は、宗教的信念の影響を除くと、他のどのような影響よりも日常の仕事とそれによって獲得される物質的収入によって形成されてきたところが大きい」とし、「経済的な力は宗教的なそれとともに世界の歴史を形成してきた二つの主要な要因であった」と見ている。

確かに歴史を振り返ると、政治が、宗教によって支配された時代は長きにわたった。経済生活が、人々の関心として突出するようになったのは、近代以降のことである。古代の都市国家や専制国家、中世の都市経済、重商主義、18世紀フランスにおける産業統制のいずれをとって見ても、「経済システム」と「社会システム」は混在している。オーストリア＝ハンガリー帝国出身の経済史家、カール・ポランニーが指摘したように、これらの社会における人々の行動の誘因の源泉は、多種多様であり、慣習や伝統、公共的義務と個人的約束事、宗教的戒律や政治的忠誠、法的義務と行政規則など、その例を挙げると際限はない。これらの

社会にももちろん市場は存在したし、利潤を追い求める商人もいた。しかし個々の市場は孤立しており、商人の利潤追求動機は、僧侶の敬神や職人の誇り同様、ひとつの「特有の動機」に過ぎなかった。利潤動機が「普遍的なもの」とみなされるようになったのは、19世紀の第二・四半世紀以降のことであったとポランニーは捉えている。

マーシャルは、経済的動機も宗教的な誘因と同じく重要だとして次のように言う。(3)「軍事的あるいは芸術的な精神の高揚がしばらくのあいだ支配的な力となったこともあるが、それでも宗教的ならびに経済的な影響はいかなる場合にも、たとえしばらくのあいだも、重要な地位からひきおろされたことはない」。宗教的な力、理念や感情によっても人間は動くものだという認識は重要だとマーシャルは指摘する。

マーシャルの認識は、経済学は、日常生活の物質的側面に限られた研究であること、しかし物質的な条件は人間の精神に大きな影響を及ぼすという点で、軽視してはならないことに注意を促している。

貧困問題との対峙

こうした経済問題の位置づけは、マーシャルと学究活動の時期がほぼ重なるドイツの社会学者、マックス・ウェーバーの「宗教と経済行為」の学問的視点とも重なり合う。社会学と経済学を対象とするウェーバーの浩瀚《こうかん》な著作も、晩年には、宗教社会学、あるいは比較宗教社会学と称される分野へと収斂していった。

現実には、宗教と経済の関係は二つの方向性を持っている。宗教的な動機から勤勉な労働に勤《いそ》しむ過程で徐々に宗教心が薄まっていけば、営利活動への強い関心が経済競争を（フランク・ナイト〔1885〜1972〕の「競争の倫理」に関する論考が指摘するように）あたかもスポーツやゲームのようにみなす社会風土を生み出す可能性が高まる。いま一つは、逆のケースとして、ダニエル・デフォーが『ロビンソン・クルーソー』で描いたように、離島で孤立する主人公が、合理的・計画的な生活の中で遭遇した数々の苦難の中から、何か摂理を感じ取り、信仰に目覚めるというプロセスもあろう。

いずれのコースを辿るにせよ、信仰生活と経済生活は分断された「別の部屋」で営まれるものではない。両者は、時の移ろいとともに相補的に、あるいは対立しつつ相互に影響を及ぼし合いながら進行していくものだとする認識は、ウェーバーの場合、マーシャルよりもさらにダイナミックに捉えられている（日本の場合についての最近の研究として寺西〔2018〕参照）。

ケインズは『ロシア管見』（1925年）の中で、宗教として、そして宗教としてのみ社会主義は意義を持つという立場をとっている。ケインズによればレーニズムは、数世紀にわたってヨーロッパ人の霊魂の中の異なった小部屋を占領してきた宗教とビジネスという二つの精神的な構えを結合したものであるという。ウェーバーも、『社会主義』論の中で、『共産党宣言』が予言的文書であることを指摘している。もちろん、ここで言う予言とは、社会の私経済的な、俗に言う資本主義的な組織の没落の予言であり、共産主義への過渡的な社会がプロレタリアートの独裁によって置き換えられる、ということを指す。この予言には、人の人に対するあらゆる支配を終わらせない限り、プロレタリアートは自らを隷属から解き放つことはできないという最後の希望（と信仰）が秘められているからだ。

ただしマーシャルは、宗教的な動機は時に激しいことを認めつつ、それによって生まれる行動が生活全般に行き渡ることはないと考えている。「生計の資を得るところの業務は、その知力が最高のはたらきをしている時間の大半のあいだにわたって、かれの心を占めているのが普通であり、その間においてかれの性格はかれがその仕事においてその性能を用いるしかた、それに関連して起こる思考や感情、または仕事における仲間、雇主あるいは従業者にたいする交渉によって形成されていく」と見るのだ。

このように論じた後、マーシャルは、貧困が人間の品位の低下をもたらすゆえ、十分な教育も受けられないまま、過重に働かされ、安静も閑暇の時も持てないままその力を十分に発揮できない状態を黙過してよいものではないと訴える。貧困の諸原因の研究は、多数の人々の退化の諸原因を解明する道になると考え、マーシャルは、貧困と無知が漸次消滅する道を探ることこそ、経済学の主要な目標であるとする。マーシャルの経済学の基底には、産業社会が生み出した諸問題、特に貧困問題と対峙するという「改革への情熱」があるのだ。

競争を過度に重視してはならない

さらにマーシャルは、もう一つ、われわれが現代社会について学ぶ場合の重要な留意点を指摘する。経済社会を「競争」の激しさで特徴付けることから起こる、研究上のバイアスである。マーシャルは、「競争」は二次的、あるいは偶然的な結果に過ぎないと捉える。彼は、人々や企業の「独立独歩」「自分の道を自分で独立に選び」「選択と判断にあたって慎重であるが、同時に果断でもある」という点が、現代の産業社会に生きる人々の競争的な姿勢を生み出していると見ている。

つまり人々が競争的になることは確かであるが、それは二次的な現象の一つであって、あらゆる種類の「共同と結合」に向かうこともあり、この「共同と結合」は、各人が慎重に考慮した結果、最適の行動だと判断する場合に生まれる。

他面、マーシャルは、現代社会では競争に関して、時にその反社会的な側面を誇張することが多い点にも注意を向ける。スポーツやゲームの世界で賞金の額が大きくなると八百長や不正が起こるように、経済競争も行き過ぎると様々な(隠された)ルール違反が起こることがある。プロスポーツの世界では、トーナメントなどで順位別の賞金の格差が大きくなるほど、不正が発生しやすいという研究もある(Borjas, 2010)。

しかしもし競争が停止されれば、社会的厚生水準を著しく低下させるほどに、活力と自発性を人々から奪い去ることを十分に知る必要がある。競争を不必要に規制すると、特権的な生産者を生み出し、有能なものが自ら新しい境遇を切り拓く自由を奪ってしまうからだ。

こうした競争の正負両面を念頭に置きながら、経済学のスタンダードな教科書を改めて振り返っておく必要がある。経済学で経済社会の基本文法を学ぶとき、まず「完全競争」を仮定し、徐々にその仮定を緩めるという形をとることが多いため、どうしても完全競争が現実社会に広がれば全体の経済厚生の水準が最も高くなると考えてしまう。その完全競争の仮定とは何を含意しているのかを、今一度立ち止まって考える必要がある。

「摩擦のない世界」を想定する?

ミクロ経済学で想定されている完全競争とは、次のような性質を持ったものと要約できる。すなわち、各財について多数の売り手と買い手がおり、個々の主体の行動が価格に与える効果が無視できるほど小さい。そして資源の移動が自由なこと。市場における価格情報が完全かつ平等に各経済主体に与えられている世界である。この前提は、中学や高校の力学の初歩で、「摩擦のないケース」を想定して力の均衡を学ぶことに似ている。

こうしたいわば摩擦のない経済世界で、消費者が効用を最大化し、生産者が利潤を最大化し、かつ市場における需給のバランスを同時に満たすような配分と価格の組が、完全競争均衡（ワルラス均衡）と呼ばれるものである。厚生経済学の第一定理は、この完全競争均衡が、各財の存在量、生産技術、消費者の選好を所与とする限り、「どの個人の厚生（welfare）レベルも低下させないという条件のもとでは、もはや改善の余地がない状態」、すなわち「パレート最適」であることを示す。

だが、アダム・スミスの念頭にあったのは「国家の干渉やカルテルなどの謀議のない競争が実現している経済」であって、必ずしも「市場価格に関する情報が完全に与えられたもとでの競争が実現している経済」ではなかった。さらにスミスは後の新古典派のように、抽象的な「独立した合理的経済人」を行動の前提とすることはなかったし、競争経済が最大の厚生を保証するという意味で「最適」だと考えていたわけでもない。

競争の利点を、この「完全性」に求めることは、一般的な競争全体（例えば独占的競争をも含めて）の持つ経済的・社会的意味を見逃すことになる。社会集団が不可避的に持つ特質のひとつは「摩擦」にあるから、「摩擦」が全くない世界に社会問題は存在しない。力学の場合の類比を用いて「摩擦」のない社会での完全競争から構成された論理をそのまま現実世界に適用することはできない。

現実世界を、完全競争という理論の世界に近づけようとするのは、すでに第3章で説明した「プロクルーステース（Procrustes）の寝台」にも等しい態度であって、現実の競争の利点や有効性を「多くの人々が激しく競争する」状態に求めるようになる。こうした見方は、競争のための競争という、目的と手段の倒錯を招くような「競争万能」の社会風土を生み出しかねない。

発見の装置としての競争――ハイエクの重要な指摘

では競争の利点はどこにあると考えられるのか。この点に関してフリードリヒ・ハイエクは、すでに一九四〇年代にひとつの明快な答えを用意した（ハイエク〔2008〕）。ハイエクによると、競争は、誰が一番優れているか、誰が一番上手にこなすかということを予め知ることができない場合に有効な、「発見のための装置」と捉えた。すなわち、競争によってはじめて、最も優れた方法が発見されると考える。知識や技能が不完全な経済社会では、ある条件下で費用を最小化できる生産方法がどれかが前もって分かっているケースはほとんどない。むしろ競争の過程を通して、はじめて最良の生産技術が徐々に発見されていくと見るのだ。

すなわち、競争は科学の実験のような性格を帯びた「発見のための手続き」なのである。真の経済問題は、幾億幾千万という人々の頭の中に散らばって存在する知識や技能、あるいはそれらを獲得する機会を、いかに効率よく利用するかという点に存する。社会の中に存在するこれら知識や技能は、単一の主体（例えば中央経済計画当局）がその全体を把握・所有しているわけではない。そうした知識や技術をどう利用するかは、競争を通してはじめて明らかになってくる。すべての知識や技能がはじめから中央集権的に単一の計画主体に与えられているとみなすことは事実になじまない。財の質や人々の選好、あるいは効率のよい生産技術は、競争プロセスを通して発見されていくとハイエクは指摘した。

こうしてハイエクは、競争機構をひとつの「発見のための装置」として捉え、それを市場論の中心に置いた。この競争論は、価格理論が冒頭から想定する「完全競争」の世界とは本質的に異なっている。経済理論で想定する完全競争は、ハイエクが考えた競争過程が終焉し、すべての知識・情報が万人に明らかにされた仮想的状態を描く社会生理学だと考えられる。

マーシャルは、競争という言葉が、時に非難めいた意味で使われることについて、「競争は建設的であることも破壊的であることもありうる」と見ている。さらに、「建設的な競争でも理想的な愛他心に根ざす協同に比べれば福祉に役立つところは少ない」と言う。

すでに述べたようにマーシャルは、現代のビジネスの基本的な特徴は競争より、産業と企業の自由、独立自尊および先見の明にあるとし、経済環境が人々の活力と自発性の維持にとって十分か否かを吟味することの重要性を強調する。先に述べたように、「競争の規制」が有害になるのは、有能なものが自ら新しい境遇を切り拓こうとするときに一部の特権的な生産者が有能な人間の自由を妨害する場合なのだ。

競争という言葉には「協力」という意味が含まれる

ちなみに、英語の competition を日本語で「競争」と訳した福澤諭吉は、その訳語をめぐる幕府役人とのやり取りについて『福翁《ふくおう》自伝』で触れている。頑固な攘夷論の徳川幕府に愛想をつかし、その頑固さの一例を挙げる件《くだり》で次のように語っている。

何かの話のついでにお勘定方（幕府の大蔵省）の有力者に、自分が読んでいた『チェンバーズ経済書』（著者はジョン・ヒル・バートン）のことを話すと、大変興味を示し、目次だけでも（訳したものを）見たいとのこと。二十条ばかりの目次の中の competition という言葉には、いろいろ考えた末に「競争」という言葉を充て、その勘定方に見せたところ、「イヤここに争《あらそい》という字がある、ドウもこれが穏やかでない、ドンナことであるか」と役人が尋ねるので、商人などが価格で互いに競い合う例などを挙げて説明する。すると、「なるほど、そうか、西欧の流儀はキツイものだね」「何分ドウモ争いという文字が穏やかならぬ。これではドウモ御老中方へ御覧に入れることが出来ない」と言うので、福澤は競争の文字を真っ黒に消して渡したという。

しかし「競争」は幕府高官が恐れたような、競い争うという意味だけではない。英語のcompeteの語源を*The Oxford Dictionary of English Etymology*で調べると、vie, strive with anotherとある。このvieという動詞は、「優劣を競う、競争する、張り合う」という意味だ。続くwithはイタリックで示されている。19世紀まではあまり使われなかったとして、Scotticism（スコットランド風）あるいはAmericanism（アメリカびいき）の烙印を押すときに使用された言葉と説明されている。元のラテン語のcompetereは、strive for (something) together with anotherとあるので、「一緒に何かを求める」ということになる。

フランス語では「競争」は、competition、concurrenceが使われるが、「競争試験」に当たる言葉にコンクール（concours）がある。ところがconcoursには、協力、賛助というもう一つの重要な意味がある。動詞形のconcourirで、conは「一緒に」、courirは「走る」であるから、「一緒に走る、競う」という意味になる。「協力する、貢献する」という意味が生まれるのは、競うことと協力することは、同じルール（土俵）の中で「競い合う」という点では「協力」が必要なのだという含意があるのだろう。

マーシャルが、経済社会を見る場合、競争だけではなく「共同と結合」の重要性を説いたことにつながる重要な点だ。

3　「どうにか切り抜ける」ために

感情の重要性――「同感」と社会秩序

そもそもわれわれが研究対象とする人間社会は、どのような原理で成り立っているのだろうか。人間社会の成立やその秩序の起源として、近代の社会思想には大まかに分けると二つの考え方があった。一つはジャン＝ジャック・ルソー（1712～1778）などの考えた「理性に基づく社会契約によって秩序が成立する」とする社会契約説、いま一つはヒュームやアダム・スミスなどが想定した「人間の感情の一致が社会の安定的秩序をもたらす」との見方である。社会契約説は、現代でも、論理構成を重視するジョン・ロールズ（1921～2002）の『正義論』でもその基本的発想は受け継がれている。これら二つの考え方は、フランスとスコットランドにおいて、それぞれ徐々にその形を明確にしてきた啓蒙思想であるが、同じ「啓蒙思想」と名がついても、その社会秩序生成の理解の仕方は全く異なる。

その後のフランス革命への道程を考えると、社会思想の歴史の流れにおけるルソーの影響の大きさは否定すべくもない。ただ、社会契約説はあくまで理論モデルであって、歴史的事実を帰納的に叙述したものではない。思想の是非を扱う場合、どちらが正しいかという問い方は相応しくない。それでも、理性よりも感情を重視するという点で、スコットランド啓蒙思想の歴史的、経験主義的な社会秩序の生成論はもっと重視されてしかるべきであろう。

人間の感情には、複雑かつ時に激しいものがある。アダム・スミスが重視する感情の一致、すなわち「同感（sympathy）」という概念も、日常用語で用いられる単なる「同情（sympathy）」とは異なる。スミスは『道徳感情論』（第六版）の冒頭（第一部第一編第一章）で、人間は単に利己的な存在ではなく、人間の本性の中には別の原理がある、それは、他人に関心を持ち、自分の利害に関係がなくても、他人の運不運、あるいは境遇に関心を持ち、それを知ることによって、自分も何らかの感情を引き起こす存在だ、という認識から出発している。そして他人の感情や行為の適切性（propriety）を判断する心の作用（胸中の「不偏の観察者」による判定）をスミスは「同感」と呼んだ。ここではそれがどのようなものであるかは、立ち入らない（堂目卓生『アダム・スミス』に簡にして要を得た図式入りの解説がある）。

社会研究に取り組むときに持つべき心構え、あるいは研究対象と研究者との間の距離感覚について、この「同感」という概念から学ぶべきところは大きい。スミス『道徳感情論』（第三部第三章）の次の一節は、その「同感」を譬えとして分かりやすく説明しているので引用しておこう。

「諸君はもしや逆境に陥っているのではないだろうか。もしそうだったら、孤独の暗闇の中で独りで悲しんでいてはいけないし、また諸君の親友達の寛大な同情にしたがって自分の悲しみを調節してもいけない。すなわち、できるだけ早く世間の日向、社会の白日の下に帰らなければならない。赤の他人、すなわち諸君の不幸に関して何事も知らず、あるいは何らの心配もしない人々といっしょに生活せよ。（中略）

諸君はもしや順境に立っているのではないだろうか。もしもそうだったら諸君は自分の幸運の悦楽を自分自身の家庭の中だけ、あるいは諸君の友達仲間の間だけ、ないしは諸君の幸運に対して、それにすがってかれら自身の幸運をとりつくらおうという期待をかけている諸君の取り巻き連中の間だけに閉じ込めておいてはいけない。すなわち、諸君と何の関係もない人、諸君の価値を諸君の運でもって判断せず、諸君の性格や行為だけで判断できる人のところを常に訪問しなければいけない」（『道徳情操論』）

スミスの言う「同感」とは、感情のレベルを、中立的な観察者が受け入れられるようなレベルに調節することによって生まれる、自己を他者の理解できるところへと導く感情なのである。これはプラトンの譬えるように、人間の持つ欲望、気概などを巧みに操る「馭者」のような心の作用によってはじめて可能になる。これがなかなか難しい心のコントロールであることは言うまでもない。

政策論の対立か、感情の対立か

実際、現実の世界における政治的対立がどのような原因で起こるのかを考えると、スミスが「感情」の問題を重視した理由が納得できる。政治的対立は政策上の対立（価値観と論理）で起こると考えられる。しかし意外にも、政治家の対立は主張の内容そのものよりも、「感情的な好悪」「なんとなく虫が好かない」という、些末に見える狭量な感情に起因することも少なくない。「政策論争」のレベルではなく、単なる人間としての好悪で政治が動くことも少なくないのだ。この「肌が合わない」という、論理的には説明しがたい感情の動きが合意形成や秩序の生成にとって障害となることがある。政治は理性だけで動くわけではなく、理性だけで社会が成立しているわけでもないのだ。

一般的モデルではなく、特殊モデルが必要なこともある

歴史には何か論理的な因果の鎖につながれた法則があって、その法則を必然的なものと考えたくなることは理解できる。「因果の鎖」というストーリーは分かりやすい。しかし第5章で「経路依存性」の問題として述べたように、歴史は論理的な理性による理解を許すほど

単純なものではない。その複雑さを、部分的であれ、解きほぐすひとつの道は、第2章で強調したように、比較することであろう。具体的な例を挙げながら、比較という手法の重要性について再度述べておきたい。

筆者は「日本研究」を行う研究機関で、外国の日本研究者たちと接し、彼らの研究について学ぶにつれて、単線的な進歩史観や発展段階説がかなり根拠の薄い理論であることに気付く機会が少なくなかった。日本研究はこうした進歩史観や発展段階説への強力な「反例(counter-example)」としても大きな意味を持つことを知ったのだ。

例えば「封建制」の問題を考えてみよう。西欧にも日本にも封建制は存在した。『封建社会』中で、マルク・ブロック(1886~1944)は、歴史学者の朝河貫一《あさかわかんいち》(1873~1948)や、経済学者の福田徳三《とくぞう》(1874~1930)などの研究を読み、日本の封建制と、地中海縁辺から発展していった西欧型の封建制には類似性があると指摘している。

この「類似性がある」という点が重要になる。全く異質で類似点がないものは比較できない。「類似性がある」からこそ、逆に違いが浮き彫りになる。似ているところから「違い」を論じることが比較研究の役割とも言える。理論を批判の対象としつつ、事実そのものに迫るという点で、日本研究や地域研究は重要な「反例」となりうるのだ。

封建制ひとつをとっても、「似ているけれども違う」、そして西洋と同じ様に歴史が進まなかった社会があったということを知るのは重要だ。この点は、社会研究を目指す人々にひとつの知恵を与えてくれる。それは外国のモデルをそのまま日本に適用することで仕事が終わらないということだ。外国産のモデルで日本の現象が説明できないとすると、日本社会を少し別の角度から見直してみようという問題意識を生む。もちろん、いずれの国にも適用できる汎用性の高い理論モデルもあろう。しかしその社会に特有の現象を記述するモデルが必要なこともある。

権威主義に陥るな

学問の継承は、芸術の継承同様難しい問題を含んでいる。先人の開発したものを受け継いでこそ、次の発展がある。しかしそのまま継承するだけでは発展も向上もない。先に触れた師マーシャルと弟子ケインズの関係にも、そうした師弟関係の微妙さと複雑さを垣間見ることができる。ケインズは『人物評伝』の中で、師マーシャルは人間の司牧者として群を抜いて優れていたわけではないが、科学者としてはその専門分野において世界で１００年に一人という偉大な学者だと礼賛している。しかしマーシャルのすべてを認めたわけではない。

ケインズは、自分の師であったマーシャルの『経済学原理』が、何でも書いてあるような「完結したもの」ではないと考え、その不完全さを指摘することと、自分の師マーシャルへの学恩を切り離して考えていた。マーシャルの経済学には、マクロ経済全体の所得決定の理論が欠落していた。ケインズの偉大な貢献は、国民所得はいかに決まるのかというマーシャルが論じなかった問題に、明快で斬新な答えを用意したことにある。ケインズによってマクロ経済学の基礎が築かれたのだ。

ケインズは、師マーシャルの経済学の重要な欠陥を知っていたからこそ、マーシャル『経済学原理』について、「あれは空っぽの本だ（that is an empty book）」という厳しい評価を下したのであろう（Harrod, 1971）。そこには師弟という人間関係と学問的な立場は区別すべきだという厳しい姿勢が見て取れる。

ある分野で卓越した人は、他分野に関する見解においても鋭い見方を発する場合がある。しかしいつもそうであるとは限らない。学問上の偉人の言葉には、実に含蓄に富むものがあるが、ひとつの分野で傑出した学者が、専門以外の問題について（純粋な善意から発言した場合でも）的を射ていないことがある。例えば、アルバート・アインシュタイン（1879〜1955）の社会主義についての見方はどうだろうか。偉大な物理学者アインシュタインは、*Monthly Review*（May, 1949）に、"Why Socialism ?" と題する社会主義経済論を書いた。そこには、人間の歴史と文化に関する興味深い洞察が含まれている一方で、社会主義の計画経済への過剰な期待が述べられている。

需要供給のシグナルとなる市場価格を持たない社会主義計画経済体制では、有効な資源配分は不可能とするハイエクの理論は、アインシュタインの記述をそのまま受け入れることができないことを示している。事実、アインシュタインの社会主義への期待が旧ソ連をはじめ、多くの社会主義国家の経済運営において裏切られたように、現実妥当性を欠くものであった。この点は、優れた市場理論のテキスト、ジョン・マクミラン『市場を創る——バザールからネット取引まで』でも触れられている。

しかしそれでも、アインシュタインの論考からは深い問題意識と鋭い洞察を読み取ることはできる。例えば、「人間の社会的行動は、一般に行なわれている文化類型や、社会を支配している組織のタイプによって、はなはだしく異なりうる」こと、あるいは「彼らは知らぬ間に自からの利己主義のとりことなって、不安を感じ」、「人間は社会に献身することによってのみ、その人生に意味を見いだしうる」ことを忘れてしまうのだと指摘する。「制限のない競争は、労働の巨大な浪費や、ひいては、前に述べた個人の社会的意識の麻痺を招来する」と説くのだ（引用部分は「なぜ私は社会主義を支持するか」）。

こうしたアインシュタインの論考は、二つのことを示している。物理学の分野で一大革命をもたらしたとされる偉大な研究者でも、現実の計画経済が理論通りのパフォーマンスを実現できないことを予測できなかったということ、しかしそれでも社会的存在としての人間にとって、自己本位的衝動が決して幸福をもたらすものではないと改めて教えてくれていること、の二つである。

社会問題を見つけ、研究するとは

これまで、社会問題を取り上げて研究しようとする者は、どのような点に留意すべきかについて考えてきた。要約的に述べれば、「自分が問うたこと、知りたいことを徹底的に調べ、証拠を挙げつつ筋道を立てて推論し、人を納得させる作業だ」ということに尽きる。社会研究自体には価値判断はないと軽々に信じてはならない。価値判断がどこに入るのかをできる限り意識しつつ、分析と推論の構造を自覚する必要がある。急いで結論だけを主張する(assert)のではなく、数量化できない社会風土(mores)と呼ばれる歴史的堆積物や文化的環境を考慮しつつ、感情に押し流されることなく論証する(demonstrate)ことなのだ。

世間には、単に繰り返し主張されてきたという理由だけで「真理」とみなされていることが少なくない。多数の人がそう思い込んでしまって通説となったものもある。第五章で取り上げた「日本は終身雇用の国であり、日本人は企業への忠誠心が強い」というのもその一例であった。健全な懐疑の精神で再検討すべきことも含めて、われわれの周りには明らかになっていないこと、分かっていないことが驚くほど多い。

社会問題を取り上げて、そこに潜む因果連関を論理的に（筋道を立てて）取り出して、最終的にいかなる価値の対立があるのかをあぶり出すことも重要だ。問題の歴史的経緯を踏まえ、数量的な情報を含めたデータを丁寧に集め、データだけでは裏打ちできないことも多いので、データの空白を埋めるための想像力を大事にしつつ推論することが社会研究の基本になる。

最後に繰り返しになることを承知の上で、改めて強調したい点を補足しておきたい。

（1）重要なことは、何が問題なのかを見いだし、どのように問いを立てる（formulate する）かというところにある。その場合、同時代（contemporary）の社会が直面する問題・課題との関連も改めて問うべきだろう。その意味で「時論」やジャーナリズムを軽視してはならない。歴史的に見ても、社会研究は、概念化とモデル分析を通して経済社会を理解する論理（文法）を提供してきた。こうした作業は、ほとんどの場合、「同時代の問題」と向き合うことによって生まれた。

これはスミス、リカード、マルサス、マルクス、マーシャル、ケインズなど過去の偉大な社会研究者を思い浮かべれば明らかであろう。しかしこうした偉大な研究者だけに目を奪われることはない。これら偉人たちが多くを吸収した彼らの先達、あるいは同時代人、そして彼らの取り組んだ問題を継承しつつ問い続けた、後の世代の研究者たちの地道な仕事も、同時代の難問に真正面から向き合った点でも忘れてはならない。そういう意味で、過度の野心によってではなく、自分の内発的な関心に導かれることが一番大切な研究の姿勢といえそうだ。

（2）さらに指摘したいのは、問題は、政治学、経済学、社会学といった一つの分野だけの学問で理解できるわけではないという点だ。ひとりの人間がこれらすべての分野を学び、理解することはできない。しかし「すべてを知っているわけではない」という謙虚さは不可欠だ。そのためには人間の「感情」の世界に深く分け入る人文学（Humanities）と社会科学（Social Sciences）の相互依存関係の認識は重要になる。

工学などの分野で、ＡＩが夢のような便利な社会をもたらしてくれると近年熱っぽく語られることがある。先端技術分野の英雄のひとりとみなされたスティーヴ・ジョブズ（１９５５〜２０１１）の発言として、雑誌 *The New Yorker*（Oct. 7, 2011）で、"Technology alone is not enough - it's technology married with liberal arts, married with the humanities, that yields us the results that make our heart sing."（技術だけでは十分ではない。われわれの心を躍らせるような結果を生み出すのは、人文知と結びついた、リベラル・アーツと融合した技術なのだ）という言葉が引用されている。イノベーティブな仕事をする人、最先端の見事なイノベーションに関わる人は、関心の広さと深さを持った人間だということを示すよい例だろう。

（3）本章の第1節で「月」の時代という譬えを借りて説明したように、自然科学の世界では、ひとつの問題に単一の完全な解が見つかるケースが多い。しかし「雲」の世界を対象とする場合、あるいは複雑で不確かな人間社会を対象とする社会研究の分野では、解決策は「パッチワーク」を重ねるほかないというケースが多い。ある政策で進んでみて、そこで問題が起これば改めて別の道を探るという「試行錯誤（trial and error）」の道である。こうした学問や政策の探究方法は、リベラル・デモクラシーの国、イギリスにおいて、すでに19世紀後半から論じられてきた。

リベラル・デモクラシーにおける社会研究

「最初の工業国家」としての地位を確かなものとしたイギリスは、１８７０年代に入ると、社会も経済学も一つの曲がり角にさしかかっていた。自由放任（laissez-faire）についての疑念が強まったことで、国家の経済介入に対する関心が強まり、「問題解決のための科学」としての社会研究への期待が高まる。人々の社会問題に対する意識が鮮明になり、慣習と伝統の社会から、意識的な選択・計画とデザインの社会への移行を推し進めることにもなった。こうした傾向は、政府による経済行動を拡大する動きを助長することになる。

このような動きの中で、「目的としての自由」に大きな修正を加えたのはウィリアム・ジェヴォンズ（1835〜1882）であった。彼は「自由放任」の原則を捨て、経済政策の個々の具体的ケースについて、そのメリットとデメリットを検討していくという方式をはっきりと打ち出した。政府の役割を最大化することも最小化することも実は真の目的たりえず、個々のケースに関するメリットとデメリットを、経験に照らしながら判断していくことが重要であると考えた。それは「自由放任」というドグマとしてではなく、経験に基づいて政治家は立法を行うべきこと、そしてその「経験」は、数量的手続きでもって要因を測定すべきことを意味した。元来、個人主義的色彩の強い社会哲学の持ち主であったジェヴォンズが、1870年代の不況期から「国家」の問題へと立ち向かうようになったことは興味深い。

ジェヴォンズの想定している「経験」による判断は、政策の当否を量的な形で表現できることを前提としている。そしてその政策を採用することや棄却することによって将来起こりうる事態を予測し、その費用と便益を正確に計算できるということを前提とする。その際、得られると期待する便益を過大に計算し、費用の計算の方が過小になる傾向は避け難い。しかしこうしたジェヴォンズの哲学が、「個人の自由はそれ自体目的ではなく、一般的厚生への手段である」と見る一つの転換点となったことは確かであろう。

マーシャルが強調したように、研究者にとって「改革への情熱」は必要かつ不可欠な精神である。しかしその改革は「一挙に」行われるものではなく、われわれの知識が不完全である限り、多くの場合「パッチワーク」で進むしか道はなさそうだ。制度というものは、はっきりした欠陥が見つからない限り軽々に改革すべきではない。改革には、意図と帰結の不一致の可能性が潜んでいるからだ。

リベラル・デモクラシーを社会の基本理念とする限り、こうした「パッチワーク」で、どうにかこうにか問題を「何とか切り抜けていく（muddling through）」以外に道はない。「一挙に」解決というのは研究者の頭の中のみにある。「どうにか切り抜ける」ことによって、現実の問題は「解決」されていくことがほとんどだ。「抜本的改革」という掛け声には注意が必要だ。現実は理論や論理を無視して動く。そして現実が理論や論理を追い越してしまうこともまれではない。

だからこそ、リベラリズムの思想は muddling through という手法を社会問題解決の根本原則の一つとしたのである。muddling through は、すべてを正確に知ることができないわれわれ人間にとって、パッチワークを重ねながら問題解決に当たるよりほかはないという点で、社会研究を行うものが覚悟しなければならない姿勢だといえよう。

あとがき

経済学の教育と研究に携わる中でこれまで実感してきたことを、社会問題に関心を持つ次の世代の人々へ伝えたいとの思いから本書は生まれた。個人的な経験から得た気付きと反省をどう受け止めるかは、もちろん読み手の自由な判断に委ねられている。だが、社会問題に向き合ってきた研究者の経験談は、人間社会の問題を考えることの難しさを知る上でも他山の石となり得るのではないか。強調したいのは、その難しさの性格を十分に認識し、念頭に置くのが極めて重要だということだ。

社会問題の対応の難しさを軽視すること、逆に、常識で十分だとして学ぶことの無益さを嘆くことは、いずれも誠実な姿勢とは言い難い。確かに熟慮は行動を妨げる場合がある。そうした無為無関心に陥らないように、経済社会の問題を探究しようとする人々に参考になるような留意点を書き記してみることにした。

半世紀を超える研究生活から得た考えを、どのような形でまとめるのがよいのかと考えていた折、中央公論新社の田中正敏さんの提案と応援を得、ウェブ連載（2019年7月～2020年12月まで）を経て、ウェブ原稿に加筆修正してまとめ上げることができた。叙述の問題点を丁寧に指摘して、改善のために協力して下さった田中さんに感謝したい。

筆者が経済学への関心に次第に限界を覚え始めた1990年代の半ば頃、かつて大阪大学大学院で学んだ上島康弘《うえしまやすひろ》さん、舟場拓司《ふなばたくじ》さん、コリン・ボイルズさんが、学内行政で忙殺されがちなわたしの姿を見かねてか、研究会を立ち上げてくれた。2か月に一度ほどのペースで集まって、経済学の注目すべき論文を輪番制で報告し3時間ばかり議論するという会合である。共同研究を行ったこともあった。研究会の後、食事をしながら、海外の研究動向、日本の政治や世相について雑談するのも楽しいひと時であった。最近は、筆者の認知能力の低下を食い止めるための集まりのようになりつつあるものの、四半世紀以上も続いたことに驚いている。この研究会が経済学への関心をしっかり繋《つな》ぎ留めてくれたおかげで、社会研究とはどのような可能性と限界を持つものかを考え続けることができた。本書を執筆することができたのはこの研究会に負うところが大きい。

また、職業生活の最後の段階（2012年～2017年）で、大学の学部学生に「経済学入門」の授業を担当する機会を得たことも幸運であった。本書の執筆に当たってその折の講義資料を一部利用している。お世話いただいた青山学院大学国際政治経済学部の土山實男《つちやまじつお》氏、木村光彦《みつひこ》氏、立命館大学国際関係学部の高橋伸彰《のぶあき》氏に心より御礼を申し上げたい。

大阪大学でかつて同僚であった理論経済学者の二神孝一《ふたがみこういち》氏からは、初校ゲラに対する真率なコメントをいただいた。そのお陰でいくつかの点で内容を改善することができた。一騎当千とも言うべき同氏の親切に心より感謝したい。

大学を離れてしまうと、自宅のすぐ近くに母校の立派な大学付属図書館があっても、部外者はそれほど自由に利用できないのが現状だ。その不便を上島康弘氏と柴田章久《あきひさ》氏がカバーしてくれたのは有難かった。

筆者は京都大学の学部生時代、青山秀夫《ひでお》先生と真継隆《まつぎたかし》先生から理論経済学の手ほどきを受け、米国の大学院ではC・P・キンドルバーガー先生から近代欧州経済史の研究について多くのことを学ぶ機会を得た。その後、労働史、社会思想、人材形成論を中心とした研究に携わって来た。振り返ってみると、風呂敷を広げすぎた感はあるが、その結果、一見結びつきそうにない多種多様な問題の間に、意外な関連を自分なりに見出し得たのは幸いであった。

こうした研究生活の中でしばしば痛感したのは、経済理論、歴史、統計学、外国語を学ぶことの大切さ、そして技術的訓練の重要さであった。健全な懐疑から生まれる内発的関心こそが、社会研究を行う上での最強の応援団であることも知った。そして立派な師と同業の友人にめぐり会えたのは幸運と言うほかはない。学び、問うこと、そして「知る喜び」を教えてくれたこれら先達と同朋に心からの感謝の気持ちを表したい。

2021年5月

猪木武徳

マルク・ブロック『封建社会１』新村猛、森岡敬一郎、大高順雄、神沢栄三訳、みすず書房、1973年
ケインズ『人物評伝』熊谷尚夫、大野忠男訳、岩波書店、1959年
R. ハロッド『社会科学とは何か』清水幾太郎訳、岩波新書、1975年（原著：*Sociology, Morals and Mystery*, 1971）
アインシュタイン「なぜ私は社会主義を支持するか」中村誠太郎、南部陽一郎、市井三郎訳『晩年に想う』日本評論社、1950年（原著："Why Socialism ?," *Monthly Review*, May, 1949）
ジョン・マクミラン『市場を創る――バザールからネット取引まで』瀧澤弘和、木村友二訳、NTT出版、2007年
Lehrer, Jonah, "Steve Jobs: Technology alone is not enough," *The New Yorker*, Oct. 7. 2011

Anticipations of Modern Sociology," *British Journal of Sociology*, vol. 3, No.1, March 1952
メンガー『近代経済学古典選集5 経済学の方法』福井浩治・吉田昇三訳、日本経済評論社、1986年（原著：*Untersuchungen über die Methode der Socialwissenschaften, und der Politischen Oekonomie insbesondere*, 1883）
マックス・ヴェーバー『社会科学と社会政策にかかわる認識の「客観性」』富永祐治、立野保男訳、折原浩補訳、岩波文庫、1998年
マックス・ウェーバー『社会学および経済学の「価値自由」の意味』松代和郎訳、創文社、1976年

第6章

田中一郎『ガリレオ裁判――400年後の真実』岩波新書、2015年
ジョレス・メドヴェージェフ『ジョレス・メドヴェージェフ、ロイ・メドヴェージェフ選集3　生物学と個人崇拝――ルイセンコの興亡』佐々木洋解題・監修、名越陽子訳、現代思潮新社、2018年
中村禎里『日本のルィセンコ論争［新版］』米本昌平解説、みすず書房、2017年
レオン・ワルラス『純粋経済学要論――社会的富の理論』久武雅夫訳、岩波書店、1983年
ヴァレリー「『純粋経済学要論』について」佐々木明訳『ヴァレリー全集11 文明批評』筑摩書房、1967年
アルフレッド・マーシャル『経済学原理1』馬場啓之助訳、東洋経済新報社、1965年（原著：*Principles of Economics*, 1890）
寺西重郎『日本型資本主義――その精神の源』中公新書、2018年
ケインズ『雇用、利子および貨幣の一般理論』（上・下）間宮陽介訳、岩波文庫、2008年
ケインズ「ロシア管見」宮崎義一訳『ケインズ全集 9 説得論集』東洋経済新報社、1981年
マックス・ウェーバー『社会主義』濱島朗訳、講談社学術文庫、1980年
マルクス、エンゲルス『共産党宣言』大内兵衛、向坂逸郎訳、岩波文庫、1971年
ハイエク『法と立法と自由（Ⅲ）』渡部茂訳、春秋社、2008年
福沢諭吉『新訂 福翁自伝』富田正文校訂、岩波文庫、1978年
ジョン・ロールズ『正義論』川本隆史、福間聡、神島裕子訳、紀伊國屋書店、2010年
堂目卓生『アダム・スミス――『道徳感情論』と『国富論』の世界』中公新書、2008年

第5章

『モンテーニュ随想録（全訳縮刷版）』関根秀雄訳、白水社、1995年
猪木武徳『増補 学校と工場——二十世紀日本の人的資源』ちくま学芸文庫、2016年
OECD, *Employment Outlook*, 1993
中馬宏之「"日本的"雇用慣行の経済合理性論再検討——1920年代の日米比較の視点から」『経済研究』第38巻、第4号、1987年10月
大阪市立中央職業紹介所『勤続状況に関する調査』1927年11月
猪木武徳「勤続年数と技能——戦間期の労働移動防止策について」伊丹敬之、加護野忠男、宮本又郎、米倉誠一郎編『ケースブック 日本企業の経営行動1 日本的経営の生成と発展』有斐閣、1998年
千本暁子「内部労働市場の形成と継承——三井における人材育成と長期雇用」伊丹敬之、加護野忠男、宮本又郎、米倉誠一郎編『ケースブック 日本企業の経営行動1 日本的経営の生成と発展』有斐閣、1998年
中井信彦「三井家の経営——使用人制度とその運営（近世と商業経営）」『社会経済史学』第31巻第6号、1966年3月
若林幸男『三井物産人事政策史1876～1931年——情報交通教育インフラと職員組織』ミネルヴァ書房、2007年
中央職業紹介事務局『職業別労働事情（三）機械工業』1927年8月
Teranishi, J., *Culture and Institutions in the Economic Growth of Japan: Towards Diversified Models of Historical Paths*, Springer, 2020
ジャレド・ダイアモンド、ジェイムズ・A・ロビンソン編著『歴史は実験できるのか——自然実験が解き明かす人類史』小坂恵理訳、慶應義塾大学出版会、2018年（原著：*Natural Experiments of History*, 2010）
ジャレド・ダイアモンド『銃、病原菌、鉄——一万三〇〇〇年にわたる人類史の謎』（上・下）倉骨彰訳、草思社文庫、2012年（原著：*Guns, Germs, and Steel: The Fates of Human Societies*, 1997）
ジャレド・ダイアモンド『文明崩壊——滅亡と存続の命運を分けるもの』（上・下）楡井浩一訳、草思社、2005年（原著：*Collapse: How Societies Choose to Fail or Succeed*, 2005）
David P. A., "Clio and the Economics of QWERTY," *The American Economic Review*, Vol. 75, No. 2, Papers and Proceedings of the Ninety-Seventh Annual Meeting of the American Economic Association, May 1985
安岡孝一「QWERTY配列再考」『情報管理』Vol. 48, No. 2, May 2005
Lehmann, W. C., "John Millar, Historical Sociologist: Some Remarkable

参考文献

第4章

ダニエル・デフォー『ロビンソン漂流記』（改版）吉田健一訳、新潮文庫、2013年

H. L. A. ハート『法の概念』（第３版）長谷部恭男訳、ちくま学芸文庫、2014年

河崎秋子「翠に蔓延る」『土に贖う』所収、集英社、2019年

石橋湛山「騒擾の政治的意義」『東洋経済新報』大正七年九月五日号「社説」『石橋湛山全集』第二巻、東洋経済新報社、1971年

掛川トミ子編『思想統制　現代史資料42』みすず書房、1976年

猪木武徳『経済学に何ができるか』中公新書、2012年

ロバート・K・マートン『社会理論と社会構造』森東吾、森好夫、金沢実、中島竜太郎訳、みすず書房、1961年（原著：*Social Theory and Social Structure: Toward the Codification of Theory and Research*, 1949）

Merton, R. K., “The Unanticipated Consequences of Purposive Social Action,”*American Sociological Review*, Vol. 1, No. 6. (Dec., 1936)

Inoki, T., “Two or Three Problems concerning Social Stability and our Measures of Welfare: What can Economists Learn from other Social Sciences?” *The Japanese Economic Review*, Vol. 59, No. 1, March 2008

トーマス・シェリング『ミクロ動機とマクロ行動』村井章子訳、勁草書房、2016年（原著：*Micromotives and Macrobehavior*, 1978）

Rosenstein-Rodan, P., ”International Aid for Underdeveloped Countries” *The Review of Economics and Statistics*, Vol. 43, No. 2, May 1961

Schelling, T.C., “Dynamic Models of Segregation,” *Journal of Mathematical Sociology*, Vol. 1, 1971

高木英至「限界質量モデルの反応曲線の推測」『埼玉大学紀要（教養学部）』第41巻（第２号）2005年

チャールズ・マッケイ『狂気とバブル――なぜ人は集団になると愚行に走るのか』塩野未佳、宮口尚子訳、パンローリング、2004年（原著：*Extraordinary Popular Delusions and the Madness of Crowds*, 1841）

Defoe, D., *The Chimera: Or, The French Way of Paying National Debts, Laid Open*, 1720 (Gale, Sabin Americana, 2012)

ダニエル・デフォー『ペスト』平井正穂訳、中公文庫、2009年（原著：*A Journal of the Plague Year*, 1722）

吉川洋「I・フィッシャー――「英雄時代」の最後の巨人」日本経済新聞社編『経済学41の巨人――古典から現代まで』日本経済新聞出版社、2014年

牧野邦昭『経済学者たちの日米開戦――秋丸機関「幻の報告書」の謎を解く』新潮選書、2018年

第3章

福沢諭吉『学問のすゝめ』岩波文庫、1942年
福沢諭吉『時事新報』明治17年10月24日～30日の巻頭社説
福沢諭吉『時事新報』明治24年4月27日～5月21日の巻頭社説
ヒポクラテス『古い医術について 他八篇』小川政恭訳、岩波文庫、1963年
ディヴィド・ヒューム『人性論』(一) 大槻春彦訳、岩波文庫 1948年
カント『純粋理性批判』（上）篠田英雄訳、岩波文庫、1961年
福沢諭吉『文明論之概略』岩波文庫、1995年
ケインズ『雇用、利子および貨幣の一般理論』（下）間宮陽介訳、岩波文庫、2008年
Fisher, F., *The Identification Problem in Econometrics*, Krieger, 1976
Borjas G., Labor Economics, 2nd Edition (2000), Fifth Edition (2010) McGraw-Hill
Phelps, E. S. "The Statistical Theory of Racism and Sexism,"*The American Economic Review* 62, Sep. 1972
Ashenfelter, O. C. and Alan B. Krueger, "Estimates of the Economic Return to Schooling from a New Sample of Twins," *The American Economic Review*, 84 Dec. 1994
Ashenfelter, O. C. and Ceclia Rouse, "Income, Schooling, and Ability: Evidence from a New Sample of Identical Twins," *Quarterly Journal of Economics*, vol. 113, Feb. 1998
Angrist, J. D. and Alan B. Krueger "Estimating the Payoff to Schooling Using the Vietnam-era Draft Lottery," Working Paper no. 4067 (NBER, Cambridge, MA). 1992
安井健吾・佐野晋平「教育が賃金にもたらす因果的な効果について――手法のサーヴェイと新たな推定」『日本労働研究雑誌』No. 588、2009年7月
伊藤公一朗『データ分析の力――因果関係に迫る思考法』光文社新書、2017年
Judea Pearl, Madelyn Glymour, Nicholas P. Jewell『入門 統計的因果推論』落海浩訳、朝倉書店、2019年
佐藤俊樹『社会科学と因果分析――ウェーバーの方法論から知の現在へ』岩波書店、2019年

参考文献

下田平裕身他『労働調査論――フィールドから学ぶ』日本労働協会、1989年

第2章
イグナシオ・パラシオス＝ウェルタ編『経済学者、未来を語る――新「わが孫たちの経済的可能性」』小坂恵理訳、NTT出版、2015年
リカードウ『経済学および課税の原理』（上）羽島卓也・吉澤芳樹訳、岩波文庫、1987年
P. サムエルソン、W. ノードハウス『サムエルソン 経済学』（上・下）都留重人訳、岩波書店、1992～93年
J. A. シュンペーター『経済分析の歴史』（中）東畑精一・福岡正夫訳、岩波書店、2006年
Krugman, P., "Scale Economies, Product Differentiation, and the Pattern of Trade," *The American Economic Review*, Vol. 70, No. 5 (Dec., 1980)
キンドルバーガー, チャールズ P.『大不況下の世界 1929-1939』石崎昭彦、木村一朗訳、東京大学出版会、1982年
Congressional Budget Office (U.S.A.) *Has Trade Protection Revitalized Domestic Industries ?*, Nov. 1986, p. 101
アダム・スミス『国富論』（1～3巻）大河内一男監訳、中公文庫、1976年
福沢諭吉『福沢諭吉選集』第1巻（『西洋事情』「初編（抄）」「外編」）岩波書店、1981年
『日本資本主義発達史講座』全7巻、岩波書店、1932～1933年
大塚久雄『欧洲経済史序説』時潮社、1938年
大塚久雄『近代欧洲経済史序説』（上巻）日本評論社、1944年
マルクス著、エンゲルス編『資本論』第3巻第1分冊、大内兵衛、細川嘉六監訳、大月書店、1968年
大塚久雄「資本主義社会の形成」『社会科学講座』第4巻、弘文堂、1951年
A. J. P. テイラー『近代ドイツの辿った道――ルターからヒトラーまで』井口省吾訳、名古屋大学出版会、1992年
ILO, *Women and Men in the Informal Economy: A Statistical Picture*, 2018
Maurice, M., T. Inoki et al. *Des Entreprises Françaises et Japonaises face à la Mécatronique*, L.E.S.T, CNRS, France 1988
J・R・ヒックス『経済史の理論』新保博、渡辺文夫訳、講談社学術文庫、1995年（原著：*A Theory of Economic History*, 1969）
Lewis, M., *The Undoing Project: A Friendship That changed Our Minds*, Norton, 2017

参考文献

＊複数の章で参考にした場合は初出の章に掲載した

第1章

アリストテレス『ニコマコス倫理学』（上）高田三郎訳、岩波文庫、1971年

柳田國男『故郷七十年』神戸新聞総合出版センター、2010年

ウェルギリウス『アエネーイス』岡道男、高橋宏幸訳、京都大学学術出版会、2001年

林屋辰三郎、水谷慶一構成、古代史探訪「神と王の遍歴〈その1〉」『野性時代』1975年2月号

カール・ポランニー『［新訳］大転換——市場社会の形成と崩壊』野口健彦、栖原学訳、東洋経済新報社、2009年（原著：*The Great Transformation*, 1944）

小池和男、猪木武徳編『人材形成の国際比較——東南アジアと日本』東洋経済新報社、1987年

Morgenstern, O., *On the Accuracy of Economic Observations*, 2nd edition completely revised, Princeton University Press, 1963

Oswald, A., "Happiness and Economic Performance," *The Economic Journal*, Vol. 107, No. 445, 1997

Sen, A., "Rationality and Social Choice," *The American Economic Review*, Vol. 85, No. 1, 1995

ジェリー・Z・ミュラー『測りすぎ——なぜパフォーマンス評価は失敗するのか』松本裕訳、みすず書房、2019年

アダム・スミス『道徳感情論』（上・下）水田洋訳、岩波文庫、2003年（『道徳情操論』〔上・下〕米林富男訳、未来社、1969〜1970年も参照）

トマ・ピケティ『21世紀の資本』山形浩生・守岡桜・森本正史訳、みすず書房、2014年

S・ウェッブ、B・ウェッブ『社会調査の方法』川喜多喬訳、東京大学出版会、1982年（原著：*Methods of Social Study*, 1932）

マックス・ヴェーバー『工場労働調査論』鼓肇雄訳、日本労働協会、1975年

小池和男『聞きとりの作法』東洋経済新報社、2000年

佐藤郁哉『フィールドワーク——書を持って街に出よう』新曜社、1992年（増訂版2006年）

ま行

牧野邦昭 81
マクミラン，ジョン 237
マーシャル，アルフレッド 215〜223, 227, 228, 230, 235, 236, 239, 242
マッケイ，チャールズ 155
マートン，ロバート 144, 146
マルクス，カール 34, 65〜68, 74, 78, 144, 146, 239
マルサス 50, 239
マンデヴィル，バーナード 144, 148
宮本常一 8
ミュラー，ジェリー・Z 22
メドヴェージェフ，ジョレス 206
メンガー，カール 194, 195
メンデル 206
毛沢東 81, 82
モディリアーニ，フランコ 62
モーリス，M 75
モンテーニュ 163, 164

や行

安井健吾 113
安岡孝一 190
柳田國男 6, 8
山県有朋 133
山中伸弥 40, 41
吉川洋 161

ら行

ラモント，トーマス 61
リカード（ウ），デイヴィッド 47〜54, 58, 70, 195, 239
ルイセンコ 205, 206, 210
ルソー，ジャン＝ジャック 230
レオンチェフ，ワシリー 79
レーガン 62
レーマン，W・C 192, 193
ロー，ジョン 155, 156
ロビンソン，ジェイムズ・A 179, 186
ロールズ，ジョン 230

わ行

ワイツマン，マーティン 44
若林幸男 174
ワルラス，レオン 209, 210, 225

217, 225, 230〜233, 239
スターリン 205, 206
スペンサー，ハーバート 72
スムート，リード 61
セン，アマルティア 20
ソロー，ロバート 19, 62

た行

ダイアモンド，ジャレド
179〜183, 185, 186
高木英至 153, 154
ダグラス，ポール 61
田中一郎 205
千本暁子 171
仲哀天皇 136
中馬宏之 170
津田左右吉 136〜138
デイヴィッド，ポール
188〜190
テイラー，アラン 70, 71
デカルト，ルネ 27
デフォー，ダニエル
123, 156, 221
寺内正毅 133
寺西重郎 178, 221
堂目卓生 231
トベルスキー，エイモス 80
ドーマー 102
トーマス，ウィリアム 144
トランプ 56, 63

な行

ナイト，フランク 221
中井信彦 173
中村禎里 206
ニュートン 29, 95, 97
能因 7

は行

ハイエク，フリードリヒ
193, 226, 227, 237
ハート，ハーバート 123, 124
バートン，ジョン・ヒル 228
林屋辰三郎 11, 12
ハーレー，ロバート 157
ピグー 141
ピケティ，トマ 34
ヒックス，ジョン 77, 78
ヒポクラテス 91〜93
ヒトラー 71
ヒューム，デイヴィッド
92, 94〜96, 99, 101, 102, 108,
115, 204, 230
フィッシャー，アーヴィン
61, 160, 161
フィッシャー，フランクリン
102〜104
フォード，ヘンリー 61
福澤諭吉
64, 86, 98, 104, 109, 228, 229
福田徳三 234
フーバー 60, 61
プラトン 232
フリードマン，ミルトン 129
フロイト 144
プロクルーステース
87, 88, 226
ブロック，マルク 234
ボシュエ 144
ポパー，カール 193
ポランニー，カール
3, 14, 219, 220
ホーリー，ウィリス 61

人名索引

あ行

アインシュタイン，アルバート　236, 237
アクィナス，トマス　216
朝河貫一　234
アリストテレス　4, 35, 94, 95, 123
石橋湛山　131, 133〜135
伊藤公一朗　114
猪木武徳　15, 170
岩波茂雄　136
ヴァレリー，ポール　209, 210
ヴィーコ，ジャンバッティスタ　28
ウェッブ夫妻　39
ウェーバー，マックス　39, 118, 119, 195, 199〜201, 220〜222
ウェルギリウス　8
ヴォルテール　156
ウォルポール，ロバート　158
大塚久雄　67, 68
大槻春彦　95

か行

ガードン，ジョン　40, 41
カーネマン，ダニエル　80
ガリレイ，ガリレオ　95, 204〜206
河崎秋子　126
カント，イマヌエル　94, 96, 97
金日成　81, 82
キンドルバーガー，チャールズ・P　60
クルーグマン　52
ケアンクロス，アレック　22, 45
ケインズ，ジョン・メイナード　49, 101, 102, 128, 129, 140, 141, 160, 161, 217, 218, 221, 235, 236, 239
ケーガン，フィリップ　129, 131
小池和男　15, 39, 75

さ行

佐藤郁哉　39
佐藤俊樹　118, 119
佐野晋平　113
サムエルソン，ポール　49, 62
サムナー　144
ジェヴォンズ，ウィリアム　241, 242
シェリング，トーマス　150, 152
霜山徳爾　32
習近平　56, 57
シュモラー，グスタフ　194, 195
シュンペーター，ヨーゼフ　52
聖徳太子　136
昭和天皇　166
ジョージ一世　158
ジョブズ，スティーヴ　240
シンプソン，エドワード　116
神武天皇　136
菅江真澄　8
スミス，アダム　28, 29, 63, 81, 148, 156, 195,

本書は「Ｗｅｂ中公新書」連載（２０１９年７月〜２０２１年１月）に加筆・修正を行ったものです。

猪木武徳（いのき・たけのり）

1945年滋賀県生まれ．京都大学経済学部卒業．マサチューセッツ工科大学大学院博士課程修了．大阪大学経済学部教授，同学部長，国際日本文化研究センター教授，同所長，青山学院大学大学院特任教授などを歴任．大阪大学名誉教授．
著書『経済思想』（岩波書店，1987，日経・経済図書文化賞，サントリー学芸賞）
『自由と秩序』（中央公論新社，2001，読売・吉野作造賞，中公文庫，2015）
『文芸にあらわれた日本の近代』（有斐閣，2004，桑原武夫学芸賞）
『戦後世界経済史』（中公新書，2009）
『経済学に何ができるか』（中公新書，2012）
『自由の思想史』（新潮選書，2016）
『自由の条件』（ミネルヴァ書房，2016）
『社会思想としてのクラシック音楽』（新潮選書，2021）
など多数．

経済《けいざい》社会《しゃかい》の学《まな》び方《かた》
中公新書 *2659*

2021年 9 月25日発行

著　者　猪木武徳
発行者　松田陽三

本文印刷　三晃印刷
カバー印刷　大熊整美堂
製　　本　小泉製本

発行所　中央公論新社
〒100-8152
東京都千代田区大手町 1-7-1
電話　販売 03-5299-1730
　　　編集 03-5299-1830
URL http://www.chuko.co.jp/

Published by CHUOKORON-SHINSHA，INC.
Printed in Japan　ISBN978-4-12-102659-0 C1233

中公新書

経済・経営

2000 戦後世界経済史　猪木武徳
2185 経済学に何ができるか　猪木武徳
1936 アダム・スミス　堂目卓生
2502 日本型資本主義　寺西重郎
2307 ベーシック・インカム　原田　泰
2388 人口と日本経済　吉川　洋
2338 財務省と政治　清水真人
2541 平成金融史　西野智彦
2041 行動経済学　依田高典
2501 現代経済学　瀧澤弘和
1658 戦略的思考の技術　梶井厚志
1824 経済学的思考のセンス　大竹文雄
2045 競争と公平感　大竹文雄
2447 競争社会の歩き方　大竹文雄
2575 移民の経済学　友原章典

2473 人口減少時代の都市　諸富　徹
1648 入門　環境経済学　日引　聡／有村俊秀
2571 アジア経済とは何か　後藤健太
2506 中国経済講義　梶谷　懐
2420 フィリピン―急成長する若き「大国」　井出穣治
2199 経済大陸アフリカ　平野克己
290 ルワンダ中央銀行総裁日記（増補版）　服部正也
2612 デジタル化する新興国　伊藤亜聖
2659 経済社会の学び方　猪木武徳